养育女孩(插图版)

朱莉娅 编著

扫码点目录听本书

成都地图出版社

图书在版编目(CIP)数据

养育女孩：插图版/朱莉娅编著. -- 成都：成都地图出版社有限公司, 2020.4(2021.8 重印)
ISBN 978-7-5557-1452-1

Ⅰ. ①养… Ⅱ. ①朱… Ⅲ. ①女性 - 家庭教育 Ⅳ. ①G78

中国版本图书馆 CIP 数据核字(2020)第 048678 号

养育女孩(插图版)
YANGYU NÜHAI(CHATUBAN)

编　　著：	朱莉娅
责任编辑：	魏玲玲
封面设计：	松　雪
出版发行：	成都地图出版社有限公司
地　　址：	成都市龙泉驿区建设路 2 号
邮政编码：	610100
电　　话：	028-84884648　028-84884826(营销部)
传　　真：	028-84884820
印　　刷：	三河市众誉天成印务有限公司
开　　本：	880mm×1270mm　1/32
印　　张：	6
字　　数：	136 千字
版　　次：	2020 年 4 月第 1 版
印　　次：	2021 年 8 月第 4 次印刷
定　　价：	36.00 元
书　　号：	ISBN 978-7-5557-1452-1

版权所有，翻版必究
如发现印装质量问题，请与承印厂联系退换

前　言

　　随着生育政策的开放，越来越多的家庭都希望拥有一个可爱又乖巧的女儿。但不可否认的是，女孩相较于男孩，有更为复杂且危机重重的生存环境。相较于父母，又会有更丰富多彩且遍布阻碍的未来生活。那么如果你真的有了一个女儿，是否能用正确的方式教育她，将她按照你心目中的规划养育成善良、贤淑、有责任心的孩子呢？

　　为人父母似乎无从准备，这一身份每时每刻都在挑战你的情绪管控能力。为人父母之初的喜悦很快就被女孩成长过程中的种种挫折打败，学习说话、升学问题、早恋问题……麻烦事接踵而至，家长焦头烂额。但同时，你可以欣喜地看到女儿在你期待的目光中一天天长大，你也随着她的长大而成长，变成更好的大人。

　　随着时代的进步，思想的进化，父母常常会不知道女儿一天到晚在想什么，也没办法理解她的所作所为，觉得彼此有深深的代沟。但父母首先要理解，所处时代的不同和经历的不同导致的代际差异是很正常的。即使如此，父母依然可以去尽可能地了解孩子，成为她无话不说的好朋友，与其建立紧密又稳固的联结。就算是教育专家，也不敢保证时刻都践行正确的教育法则，所以父母不必求全责备，在大方向上做到正确即可。

  本书是本令人受益的女孩教育百科全书，它总结了父母在养育女孩过程中行之有效的教育之道。本书可操作性强，涵盖当代女孩最常遇到的生理、心理问题，全方位剖析了女孩在各个成长阶段中的所思所想，帮助父母在了解孩子的基础上及时帮助女孩解除成长的烦恼，从而引导女孩建立正确的价值观和树立良好的自我形象等。相信阅读这本书后，你可以卸下孩子的心防，轻松走进女孩的心灵深处，洞悉她们的烦恼并帮助她们解决这些困扰她们的问题。

  陪伴孩子成长的过程其实也是父母自我审视、自我完善的过程。相信本书可以令你感受到爱，也让你更有能力把握住孩子的每一个成长阶段，和女孩携手进步，从而打造和谐的家庭氛围与令人羡慕的亲子关系。

2020 年 2 月

目 录

第一章 了解你的女孩

把握女孩成长的关键期 ...002

将命运内化为性格 ...006

语言能力：女孩天生的特长 ...008

给女儿一颗善良的心，让她去爱这个世界 ...010

第二章 让女孩在和谐的家庭中收获爱

为女儿建立一个"民主家庭" ...016

要以平等的姿态和女儿进行交流 ...019

培养女孩孝敬长辈的优良品德 ...022

对女孩同情心的呵护与培养 ...027

引导女孩学会爱和感恩 ...031

第三章 女孩富养显气质

富养，让女孩更受人欣赏 ...038

杜绝盲目消费，给女儿讲讲"性价比"...042

培养女孩理财的技巧...044

擦亮女儿的气质招牌...047

自律能力——战胜自我的首要条件...049

第四章　通过沟通培养阳光女孩

母亲——女孩温暖的摇篮...056

父亲——女孩生命中的"指路灯"...060

帮助女儿合理宣泄感情...063

消除"代沟"...065

不要当爱抱怨的女孩...071

反省与进步紧密相连...073

勇于接受批评...076

第五章　做有人缘的女孩

引导女儿广交朋友...082

告诉女儿，用心经营才能收获友谊...085

学会倾听，会更受欢迎...087

培养女儿的安全意识 ...089
　　让女儿学会与人分享 ...091

第六章　让女孩学会自立
　　让孩子的自我价值得到强化 ...098
　　培养女孩的自主能力 ...102
　　让女儿明白，挫折是生活的一部分 ...106
　　增强心理承受力 ...109
　　相信女儿："你一定行" ...111

第七章　调动女孩的艺术天赋与学习潜能
　　天赋的征兆有哪些 ...116
　　在绘画与音乐艺术中畅想 ...118
　　强化孩子的学习动机 ...121
　　掌握科学的学习方法 ...127
　　克服厌学情绪 ...132

第八章 做个身心健康、内外兼修的女孩

好睡眠＝好身体＋好精神＋好头脑 ...*138*

搭配合理的饮食结构 ...*142*

孩子不宜多吃的食品 ...*145*

远离挑食、偏食的习惯 ...*148*

让女儿懂得"着装四大要领" ...*153*

风格是必要的信仰 ...*155*

第九章 帮助女孩远离成长的烦恼

帮助孩子从手机中走出来 ...*160*

远离校园暴力 ...*163*

不交"损友" ...*165*

与异性交往的困惑 ...*168*

男孩和女孩能交往吗 ...*172*

远离坏男孩 ...*175*

拒绝言情小说 ...*178*

扫码点目录听本书

第一章 了解你的女孩

把握女孩成长的关键期

关键期是指人类对某种行为、技能和知识的掌握发展最快、最容易受影响的时期。如果在这个时期施以正确的教育，就会获得事半功倍的效果；而一旦错过这个关键期，就需要花几倍的努力才能弥补，或将永远无法弥补。关键期的发现，对人类文明进步、对女孩的教育等都具有十分重大的意义，这种重大意义绝对不亚于自然界的任何一项发明创造。专家们通过对儿童关键期的观察与研究，归纳出下列7种关键期：

第一，秩序关键期（2~4岁）。

女孩需要一个有秩序的环境来帮助她认识事物、熟悉环境。一旦她所熟悉的环境消失，就会令她无所适从。幼儿的秩序敏感力常表现在对顺序性、生活习惯、所有物的要求上，如果成人没能提供一个有序的环境，她便"没有一个基础以建立起对各种关系的知觉"。当女孩从环境里逐步建立起内在秩序时，智力也因而逐步建构。

第二，感官关键期（0~6岁）。

女孩从出生起，就会借着听觉、视觉、味觉、触觉等感官来熟悉环境，了解事物。3岁前，女孩通过潜意识的"吸收性心智"来吸收周围事物；3～6岁则更能具体地通过感官分析来判断环境里的事物。父母可以在生活中随机引导女孩运用五官感受周围事物。尤其当女孩充满探索欲望时，只要是不具有危险性或不侵犯他人他物的，应尽可能满足女孩的需求。

第三，对细微事物感兴趣的关键期（1.5～4岁）。

忙碌的父母常会忽略周围环境中的微小事物，但是女孩却常能捕捉到个中奥秘。因此，如果女孩对泥土里的小昆虫或衣服上的细小图案产生兴趣，则正是培养女孩具有巨细无遗、综理密微的习性的好时机。这个时期，她整天都会问这问那，问题特别多，对这种现象千万不能置之不理，或表现得极不耐烦，应该注意积极引导，培养女孩对新鲜事物的兴趣，以便最大限度地开发女孩的大脑潜能。

第四，动作关键期（0～6岁）。

2岁的女孩已经会走路，最是活泼好动的时期，此时应让女孩充分运动，使其肢体动作正确、熟练，并帮助左、右脑均衡开发。除了大肌肉的训练外，小肌肉的练习，如手眼协调的细微动作的训练，不仅能促成良好的生活习惯，也能帮助智力的发展。

第五，社会规范关键期（2.5～6岁）。

这一阶段的女孩会逐渐脱离以自我为中心，而开始对结交朋友、群体活动产生兴趣。这时，应给女孩建立明确的生活规范、日常礼仪，使其日后能遵守社会规范，拥有自律的生活。

第六，书写（3.5～4.5岁）和阅读关键期（4.5～5.5岁）。

女孩的书写能力与阅读能力虽然较迟产生，但如果她在语言、感官、肢体动作等关键期内得到了充分的学习,其书写、阅读能力就会自然产生。此时,可多选择读物,布置一个充满书香的居家环境,既促使她养成爱读书的好习惯,又解决她的一些"莫名其妙"的问题。

第七,文化关键期(6～9岁)。

幼儿对文化学习的兴趣,起于3岁;而到了6～9岁则出现想探究事物奥秘的强烈需求。因此,这时期"孩子的心智就像一块肥沃的土地,准备接受大量的文化播种"。父母可在此时提供丰富的文化内容,以本土文化为基础,延展至关怀世界的大胸怀。

关键期是自然赋予女孩的生命魔力,因此,在关键期内,如果女孩的生理和心理需求受到妨碍而无法得到恰当的满足,就会失去最佳时机,无论是女孩的能力还是智力都会受到很大影响。如果希望在后来发展或重新获得这些东西,就会付出更多的心力和时间,并且很难达到本来应该取得的效果。以下几点建议,则可以更好地帮助父母及时把握女孩成长的关键期:

1. 把女孩当成有完全行为能力的个体

要把女孩当成有完全行为能力的个体。这个道理很简单:任何孩子都是一个天生的学习者。尊重孩子的自然属性,他们就会循着自然的成长法则健康成长。也就是说,孩子是能够在正常的环境中不断地成长为"有能力"的个体的,父母的责任是为女孩提供一个正常的环境。这是一个观念,只有你改变了原来不正确的观念,才能对此有深刻的认识。

2. 细心观察女孩关键期的出现

有了一个好的观念并不等于就可以高枕无忧了，还必须时刻注意女孩关键期的到来。每个女孩都有关键期，可并不是每个女孩的关键期都是一成不变的，恰恰相反，每个女孩的关键期出现的时间并不相同。因此，父母就必须学习，认真地观察，以客观的态度细心观察女孩的内在需求和个别特质，把握女孩关键期的到来，随之给女孩提供必要的条件。

3. 及时给女孩提供必需的环境和条件

对女孩的行为举止必须认真地观察和分析，并且做出客观的评价。一旦确定女儿到了某一个关键期，就要竭尽全力，为她准备一个能够满足这个关键期所需要的条件和环境。

4. 鼓励女孩自由探索，勇敢尝试

在一个适当的环境里，女孩就会感到自由而快乐，就会感到爸爸和妈妈的尊重与信赖，虽然女孩不一定会用语言表达，但是她们会用欢乐给父母以最明显的回答。因此，女孩也就会在这种环境里自由探索，大胆尝试，在不知不觉中，很好地发挥她的天赋。

5. 父母的责任是协助而不是干涉

在成长过程中，女孩可能会做出一些父母意想不到的事情。遇到这种情况，父母不应出面干涉，而是应尽量地帮助女孩寻找其合理性，并且加以良性引导。当然，不干涉并不是对女孩放任自流，而是发挥父母的主导作用，发挥女孩的主体作用，适时地协助和指导。

将命运内化为性格

美国现代经济学家约·凯恩斯认为:"习惯形成性格,性格决定命运。"性格的悲喜会在人生这个大舞台上上演。 要想摆脱命运的束缚,就应该从改变性格入手,要先战胜自己的性格,才有机会颠覆命运。 如果要改变女孩的命运,就要从培养她良好的性格入手。

命运成败的关键取决于性格,孔子的弟子子路是个明证。子路为人坦率正直,性格也很豪放,他能得到后人的敬仰,这是原因之一。 但也是他的性格最终造成了他的悲剧。 而且孔子也曾说,"若由也,不得其死然"。 子路的性格会给他带来悲剧,这仅是偶然发生的吗?

人之所以有悲剧结局的原因之一就在于其内在的性格特质。 关羽在《三国演义》里是个战无不胜、霸气十足的大英雄,但正是他的自负性格导致他在麦城大败而死。 泼留希金在《死魂灵》中,被俄国作家果戈理写成了一个腰缠万贯的人,可是他却像乞丐一样生活。 像这样的悲剧大都是由性格造成的,生活中也并不少见。

人的健康也与性格有很大的关系。 例如《红楼梦》一书中的林黛玉，她是典型的敏感多疑、脆弱又易怒的性格，最终导致了她抑郁而死。

"五十而知天命。"这是孔子说过的一句话，意思不是说人到50岁就知道了自己的命运，而是指人世间的道理他都领悟了，知道自己应该如何更好地做事。其实，就是告诫我们要将自己的性格与现实命运融合在一起。人一旦掌握了自己的性格，命运也就会被攥在手中。

人生变幻莫测，但性格决定命运是永恒不变的真理。家长要让女孩知道：面对生活，要少点抱怨多点理解行事要果断不能犹豫不决；改变命运的正确做法是要先改变自己的性格，命运是掌握在自己手中的，让性格适应命运，而不要让性格给自己制造悲剧。

另外，还要多讲一点名人的事迹给她听。比如父母可以给女儿推荐一些能激发她进取的人物形象，找一些与孩子理想类似的人，或者和孩子一样遇到了同样的困难并战胜困难的榜样。这样在孩子遇到问题时，就知道该如何处理，并鼓起勇气继续走下去。

语言能力：女孩天生的特长

细心的家长们会发现：与男孩相比，女孩更容易吐露自己的心声。男孩习惯用肢体语言来表达，女孩则喜欢选择用语言表达，所以女孩向爸爸妈妈撒娇的机会就比男孩多。而会讲故事给爸妈听的肯定也是女孩居多，这是男孩女孩本质上的差别之一。所以女孩在语言表达方面更有优势。

有位英国的学者研究了三千多对龙凤胎，以便分析出擅长语言表达基因的位置。工作人员教他们识字，记录他们语言表达的程度，普遍来看，女孩要比男孩学得更好。所以实验结论是：两岁时就有具体的表现，证明男孩在语言天赋方面不如女孩子好。

其实，这还与人的大脑功能分区有关。左脑和右脑构成了人的大脑，二者发挥的作用也不一样。一般来说，运动以及时空方位等是由右脑掌控的，而语言与逻辑思维是由左脑控制的。男孩大脑没有女孩发展快，而女孩用左脑工作的时候更多，因此女孩的左脑发育得更快更复杂，在语言方面的能力就要突出一些。

有些家长已经看出：男孩与女孩的爱好也有差异。女孩爱研究诗词歌赋和猜谜；而男孩则多选择积木、迷宫。随着年龄增长，父母还能发现，女孩子在写作方面也有较强的能力。

老师在教写作时向同学们推荐了一个学姐写的作文，传到帅帅那里时，他非常兴奋，还向别的同学炫耀："这是我二姐写的。"老师看见后说："这篇文章写得很精彩，大家一定要好好学习一下。"于是帅帅又激动地说："我要带回家让我二姐看看，她肯定特开心。"

老师听后，严肃地对帅帅说："你们两个是亲姐弟，生活环境一样，可语文上的差距居然这么大。所以帅帅，你要好好想想怎么才能写出好作文，多向你姐姐学学。"听到老师这番话，帅帅一下子泄气了。

这个老师并不知道，要求男孩提升语言能力对他们来说并不容易。所以女孩的家长要多强化女孩在语言方面的突出能力，像阅读、写作、答辩等都是女孩的常见强项。

给女儿一颗善良的心，让她去爱这个世界

现实中，一些父母爱这样教育自己的孩子，比如会经常讲"社会如何尔虞我诈""人与人之间如何钩心斗角"等。他们觉得不吃亏才是真本事，因为"人善被人欺"。在这种环境中长大的孩子一般就会缺少同情心。心理学家认为：缺乏善良和爱心的孩子，不会理解爱的含义，也不会觉得自己有多快乐。所以，家长不要忽略了培养孩子包容与善良的品格。以下几点值得注意：

1. 支持女儿参加爱心公益活动

一些父母不愿意让孩子参加公益性的活动，觉得那些活动没有意义，还会影响学习。假如只知道培养孩子的智力，而不关注品德的培养，那么孩子长大了就会变得自私自利，也不会生活得幸福。

父母要引导孩子向善，鼓励孩子做善事。学校和一些公益组织会时不时地举办募捐活动，家长一定要全力支持孩子去奉献她们的爱心。寒暑假的时候，还应该带着孩子参加社区的活动，像保护环境、社区服务、照顾老人等，这些活动不仅

能提升孩子的动手能力，还能培养她们的爱心。

蓓蓓的爸妈关系很好，对蓓蓓也是精心照料，他们经常教育蓓蓓要帮助他人。蓓蓓在这种环境下成长，从小就知道与人为善，生活得十分幸福。

一次，蓓蓓回家后闷闷不乐。见到女儿这副模样，妈妈还以为她身体不舒服，就问她怎么了。蓓蓓说："我的一个同学得了重病，医生说需要特别多的钱才能治好，可他家里的钱不够。"妈妈一下子就知道是怎么回事了，于是就问："你想帮他对吗？""嗯。""宝贝，我很高兴你有这样的想法。虽然你的力量是有限的，但你可以号召更多的人来帮助他。"于是，蓓蓓在班里筹备了捐款活动，收到的第一笔捐款就是蓓蓓自己攒下的钱。

2. 引导女儿发现身边的爱

想让女儿变得善良，只有理论是不行的。父母可以通过寓言故事来引导孩子，并让她自己体会什么是爱。当女儿成熟一些后，就可以让她自己去发现周围那些无形的爱，并用心去体会这些爱所带来的美好，如果她能把感受写下来就更好了，这说明在她受到善良感动的同时，自己也被同化了。

3. 与女儿一起分享

大部分的家长即使自己吃苦，也绝不会让孩子吃一点苦，会在物质上尽量满足她们，当孩子主动提出要和父母一起分享某些东西时，许多父母出于让孩子多拥有一点的心理，就会拒绝与她分享。长此以往，孩子就觉得没有必要再分享了，开始吃独食。因此，家长要知道与女儿分享的重要意义，和她一起分享美好的事物，培养她分享的意识，形成良好的习惯，这对她养成善良品性是很有帮助的。

4. 及时赞扬女儿的善良行为

家长应该注意女儿平日的举动，只要女儿有善良的表现，就该予以鼓励与支持。例如，可以适当奖励她一些玩具娃娃。得到奖励以后，她就会更加主动地表现出自己善良的一面，从而形成一种良好的品格。相反，如果家长没有及时鼓励女儿，她对善良的举动就不会加以重视。家长还应该在女儿小的时候就让她在心里种下善良的种子，这样才会更好地将善良融入女儿的生命中。

5. 给女儿提供"爱心"教育的机会

家长若是想让女儿懂得如何去爱，就要教会她善良的含义，还要让她有机会展示爱。例如，在公交车上，若是有老人走到身边，父母就要及时让座，给女儿起到带头作用，教育女儿要关爱周围的人。若是班上的同学遇到挫折，家长可以让女儿主动提供帮助，在帮助别人的同时，自己也得到了锻炼，同时还会有种满足感，从而培养她的同情心。

◇ 父母也要学会尊重孩子 ◇

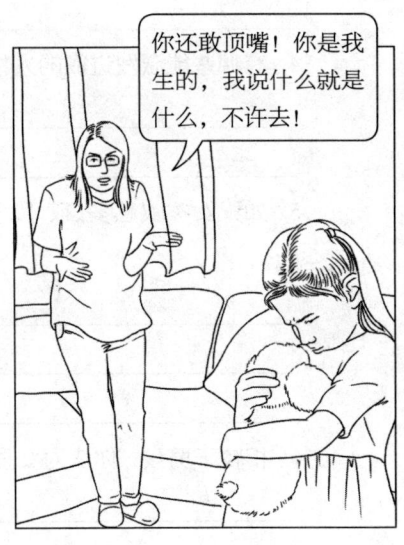

妈妈,我想和同学出去吃宵夜。

你自己看看这都几点了,你还想夜不归宿啊!

我们好几个同学一起去,而且离家很近,我会尽早回来的。

你还敢顶嘴!你是我生的,我说什么就是什么,不许去!

　　父母对孩子的一味"压迫"不仅不会让孩子听话,还会激起她们的叛逆心理和反抗情绪。总之,父母不该过多约束孩子的行为,要尊重孩子的独立意志,与其平等协商。

高情商家教思维

1. 相较于男孩,女孩有哪些与众不同的性格特点?
   _____
   _____

2. 关于培养女孩的良好性格,你有哪些疑惑或心得?
   _____
   _____

3. 你是否认同"命运取决于性格"这种说法? 为什么?
   _____
   _____

4. 有哪些能激发进取的人物形象可以推荐给女儿?
   _____
   _____

5. 如果女孩敏感多疑、脆弱易怒,有哪些可能的方法来改变她?
   _____
   _____
   _____

6. 相较于男孩,你认为女孩是否有较强的语言天赋?
   _____
   _____
   _____

第二章

让女孩在和谐的家庭中收获爱

为女儿建立一个"民主家庭"

在家中，若父母做重大决定时未能询问女儿的建议，女儿就会觉得没有发言权，心中的郁闷无处可说。长此以往，女儿容易形成胆怯的坏习惯，或成为寡言少语的"闷葫芦"，或变成只会学习的书呆子。

如果经常召开家庭会议，女儿就可以知道家里发生了什么事情，知晓家中的实际情况。同时，为女儿博得一个家庭会议的发言权，以交流和探讨问题。其中最重要的一点是，这些活动都应公平民主，以培养女儿的思考能力、表达能力和处理问题的能力，以及女儿的独立民主意识。

家庭会议对女孩成长意义深远，她可以通过这个会议了解自己的家庭，通过会议的沟通了解维持家庭和谐的困难与复杂，而体验这些，可以帮助她以后更好地生活。

每个月末，小红都会拿着会议记事本，和爸爸妈妈温馨地坐在一起，进行每月一次的例会。那天晚上，三个人又在一起召开家庭会议。

"爸爸，我这个月的表现怎么样？"满脸真诚的小红问爸爸。

"做得非常好。"爸爸满意地说。

"这些日子,我总是有点急躁,不知为何。"妈妈在一旁说道。

"应该是你家务做得太多,加上前些天的工作压力太大了。"爸爸为妈妈分析,"我们应该放松一下了。"

"爸爸妈妈,我们出去旅游吧?"小红给出了一个主意。

"嗯,好。"之后,大家就开始研究出行计划了。

家庭会议要如何进行呢? 若想会议能够长时间有效的存在,有什么注意事项吗? 下面几个方面值得注意:

(1)会议由爸爸或妈妈主持。

(2)大家都要出席。

(3)每个成员均有发言权。

(4)让每个人把自己的话说完。

(5)成员之间互相尊重,不可有贬低之语。

(6)会议进行中,不要看电视、听音乐。

(7)会议上所提问题,大家都要尽量提出自己的解决办法。

在大多数父母眼里,总以为女儿就是个小跟班,没有考虑到女儿是一个独立的人。 但在孩子的成长过程中,父母要把孩子看成独立的个体。 在平时,就应该让女儿养成自我独立的意识,使她知道她是家庭一员,和其他成员平等。 如果有客人来家里做客,千万不能忘记介绍自己的孩子,同时还要鼓励女儿和客人进行正常的聊天交往,这是女儿进行人际交往的好机会,对逐步增加女儿的自信心、自尊心具有重要作用。

在父母与女儿的交流中,父母要对女儿所说的话表现得感兴趣。在交谈时,如果认真倾听女儿的话,女儿便会感受到亲近感。在听女儿讲话的同时,可以不时地问道:"是吗?"证明你知道女儿在说什么事,这是关键。若女儿知道家长在认真地倾听自己的话语,赞同自己的观点,那么,自信心也就在这样的家庭氛围中更好地提升了。

要以平等的姿态和女儿进行交流

所有的孩子都不愿意绝对听从别人的命令，所以父母若是总用"家长权威"这种思想培养女儿，相信不久以后，女儿就会越来越排斥你。而家长要是能以平等态度与女儿进行沟通，对于女儿来说，就是一种极大的认同。

所以你要蹲下或坐下来，把双方放在对等的位置上，才能进行很好的沟通，而绝不是把家长的威严摆出来。这样，你才会知道她们的内心世界，才能懂得她们从哪里产生的那些看似奇怪的想法。也正是在你真诚地用心与女儿交流时，你的权威形象才真正树立了起来。

因为生长发育的方式有所差异，所以男孩和女孩解决问题的方式也就不一样。男孩比较直接，处事也很果断，他们习惯用行动来表达意见和感受。但是女孩在看待这个世界时，就会想得十分复杂，她们常常多愁善感，思想丰富，善于联想，还很敏感与脆弱。因此，家长与女孩交流时，更要注重平等，应该先直视她们的眼睛，再用自己的心去感受女儿的心，进而要站在女儿的立场上思考，体会她们的感受。

妈妈带4岁的女儿出去游玩。在郊外的小道上,女儿心情很愉快,蹦蹦跳跳,看见一些不认识的花,就好奇地蹲下来看,嘴里还说着什么。妈妈觉得奇怪,就问道:"你和花儿说什么啊?"她就笑着说:"我说它们长得真漂亮啊。要是天天都能看到多好啊。"母亲又追问道:"蹲着说又是为什么呢?"女儿答道:"蹲着说是表示我对花儿的尊重,离花儿近一点,它才知道我在对它说话。"

母亲听完女儿的话陷入了沉思:女儿这么小都懂得尊重一朵小花,可自己在平日又是怎么和女儿说话的呢?

我们总是习惯用娇嫩的花朵来形容女孩,那么,在与"花朵"们进行交流时,到底有多少家长可以"蹲下来"呢?

其实,蹲下来,和女儿保持一样的高度说话,会让女儿觉得你尊重她,还会让她觉得彼此是平等的。所以你认真的举动,会感染到她,让她也专注地聆听,进而真正接受你的意见。并且,用这样平等的态度进行沟通,还能增进和女儿的关系,使女儿对你更加信任。在遇到过不去的坎时,她也会跟你诉说,这样也有利于你了解她身边发生的事情,进而更好地帮助她成长。

要想缩小父母与孩子间的距离感,就要和孩子站在同一个角度,用心和她沟通,充分表明你尊重她。越早用平等的关系对待女儿,效果就越好。

无论如何也不能打骂女儿。有些父母还秉承着以前的观念,认为"棍棒之下出孝子",可是那种做法会拉大女儿和你的距离,不仅得不到预期的结果,甚至还会造成一些严重的后果。长此以往，她会越来越排斥你。另外，父母做错了事要勇于向女儿道歉，这么做不仅不会让自己的形象受损，反而会让女儿感到家长言而有信、诚实可靠，也能为女儿做一个好的榜样。

因此，和女儿站在同一个高度上与她沟通，并让她体会到你对她的关心，直观地感觉到你对她的爱，她才能体会到做父母的不易，进而认识自己的不足和错误，并且愿意和你进行深层次的沟通，从而增进女儿和你的关系。

培养女孩孝敬长辈的优良品德

尊敬长辈是中华民族的传统美德,但是现在的很多孩子都被娇惯坏了,根本就没有这样的意识。在这样的环境下,孩子对长辈缺少了最基本的礼貌和尊敬,缺乏孝心与爱心,是很多孩子致命的缺点。

场景一:

每到姗姗过生日那天,妈妈就会下很大的功夫,忙碌一天,就是为了让女儿有一个很风光的生日晚会。然而姗姗却从来不关心妈妈的生日。

场景二:

有一天,由于公司临时有了任务,母亲只能在公司加班到晚上9点。女儿不仅没有问妈妈为什么回家这么晚,累不累、饿不饿,反而还非常不满意地说:"妈妈,你怎么才回来啊!我要吃饭,快点去做。"

场景三：

奶奶简直把孙女当作掌上明珠，要什么给什么。后来，奶奶生病卧床不起，孙女非但没有照顾过奶奶，还嫌弃奶奶的房间有异味，不愿意踏进奶奶的房间。

以上这些例子，不是凭空捏造而是现实生活中发生过的。除此之外，一家报纸还曾报道：有两个老人辛辛苦苦地把三个儿女养大成人，然而这些儿女却很不孝顺，最终这对老人只能流落街头以乞讨为生。看过这则新闻和上面的几个事例，我们应该有这样的意识了：培养女儿孝顺长辈的品质是非常必要的。

假如孩子不能孝顺自己的父母、家人，不仅会让亲人们寒心，也会受到其他人的唾弃。中国人特别强调"孝顺"这一美好品德，要想获得大家的尊重，首先必须孝顺自己的父母。

孝顺是一种会"遗传"的美德，假如妈妈孝顺长辈，女儿看在眼里，就会养成孝顺的美好品德。而且，父母不仅要给女儿树立一个好的榜样，还要让女儿了解自己的辛苦，如此，女儿就会更加明白怎样孝顺父母了。假如家中有老人，就可以让孩子从一些小事做起，帮助女儿逐渐养成孝顺老人的习惯。

1. 父母应该做女儿的榜样

父母对自己的老父亲非常不孝,他们不让老人住在自己的屋子里,只让他住一个破旧的草房子。每当到了吃饭的时候,他们仅仅是把饭放到那里然后转身就走。因为老人年纪大了,盛饭的碗经常被打烂。父母就不给老人用碗了,而是给老人一个用木头削成的碗。

一天,他们回到家后,看见正在用刀子削木头的孩子,就问她在做什么,得到的答案让他们十分震惊。女孩说:"我在做木碗,等你们老了就可以用了。"

家长就是孩子学习的榜样,孩子经常会受到他们言行的影响。因此,家长在和长辈在一起时,必须要表现得孝顺、体贴。在家长的影响下,女孩就会在潜移默化中感知孝顺,养成孝顺的美好品德便成为一件容易的事情了。

2. 让女儿知道家长的辛苦

敏敏的妈妈在一家医院做护士,每天的工作量都很大,因此非常辛苦。下班后,妈妈就会对8岁的敏敏说:"今天妈妈很忙,胳膊有点沉,乖孩子,给妈妈做个按摩吧。"等敏敏给妈妈揉完胳膊,妈妈就会对她提出表扬。时间一长,敏敏知道妈妈每天都非常辛苦,就不再吵闹了,变得很乖。有时候女儿还会对妈妈说:"妈妈,今天累不累啊?要不我给你做个按摩吧。"

"不养儿不知父母恩"是中国的一句俗语。现在很多孩子不知道孝敬父母,是因为他们不知道父母的辛劳,认为父母对自己好是天经地义的。据《羊城晚报》报道,广州多所小学联合调查了这样一个主题——"什么事最让我感动"。结果54%的小学生认为"很难有感动的感觉"或者"我没有遇到让我受感动的事",在"你曾经做过哪些让父母感动的事"一栏里,大部分孩子都空下了这一栏。虽然我们对孩子的爱并不要求他们回报,但是让孩子了解我们的辛苦与努力是非常必要的。因为这会让孩子拥有一颗感恩的心,学会尊敬父母、爱戴父母。

让孩子知道自己为他们付出的努力和辛苦,并不是说要抱怨养育孩子的辛苦并要求他们的报答。我们应该用一种不带情绪的方式表达出来,就如上文中敏敏的妈妈一样。另外,父母还可以让孩子做些家务,这也是让他们了解父母辛劳的一个重要方法。

3. 让女儿从小事做起

母亲带女儿到同事家去玩,女儿得到了同事送的一盒点心,那是同事老公去西班牙顺便买来的。回到家后,女儿迫不及待地吃起了点心,并且不住地赞叹:"真好吃,实在太好吃了。"

母亲告诉女儿说:"平时爷爷奶奶有好吃的东西都留给你,那你现在有了好吃的东西应该怎么办呢?"女儿想了一会儿,就拿着那盒点心去了爷爷奶奶的房间,对他们说:"爷爷奶奶,你们尝尝这个点心,很好吃的。"爷爷奶奶觉得她懂事了，特别开心，不停地表扬。

从爷爷奶奶的房间回来以后，女儿就继续吃起了点心，好像突然想起了什么，又到妈妈面前说："妈妈，你也尝一尝吧。"这是一位妈妈在网络上写下的一篇日志。对生活中的一件小事，这位母亲也善于发掘，而且以它作为教材，让女儿切切实实地了解了"孝顺"的含义。

现实生活中，一个人的孝心往往是通过细节体现的。给长辈倒一杯水、捶上一次背、很亲切地问候一声、给长辈做一顿可口松软的饭等都是在表达孝心。因此，我们在教育女儿时也要从细节入手，而不应该认为这些小事没有做的必要。只要孩子长时间地坚持，从小事做起，就能养成好习惯。等这种习惯养成之后，让她们成为一个孝顺孩子的心愿也就完成了。

除此之外，需要注意的是，在教育孩子要帮长辈倒一杯水、捶捶背的时候，命令的口气是不合适的，也不能强迫孩子去做，因为孩子对这些命令和强迫容易产生反感情绪。我们要和蔼可亲地和她们说话，而且在最后要对她们提出表扬。这样，女孩在得到心理上的满足与快乐之后，就会更自觉地去孝顺长辈。

对女孩同情心的呵护与培养

同情心是一种对他人的不幸和困难产生的共鸣,并愿意关心、爱护、帮助他人。美国《育儿》杂志网站刊登的一篇文章中写道:孩子的同情心是天生的,父母的培养与呵护才能让这同情心持续下去。

陈鹤琴先生是一位著名的教育家,他曾说过:"不管是在家庭还是在社会中,同情心都是很重要的美德。如果家人里没有同情行为,那父亲就不是父亲,母亲也难做母亲,孩子就不是孩子了,家庭就不再温馨、圆满;如果社会当中没有同情的行为,人们互相欺骗,每个人都自私自利,社会就必然会土崩瓦解。"很显然,女孩应该具备同情心这种重要的品格。

某一天,母亲带着小飞飞去同事家做客,同事的小儿子正在吃饭时,不知怎么突然呕吐了起来,把桌子、地上都弄脏了。

小飞飞看到后马上捂住了自己的鼻子,还皱着眉头,一副讨厌和嘲笑的样子。这个时候,母亲赶紧带着同事的儿子去厕所,在小男孩的脊背上轻轻地拍着。等同事的儿子停止呕吐后，妈妈问小飞飞："你觉得小哥哥呕吐的原因是什么？""可能生病了。""那你生病时，感觉怎样？别人怎么对待你你会觉得开心呢？""我上次生病非常难受，妈妈照顾我，我会觉得开心。"小飞飞说完有些领悟了过来，然后模仿妈妈刚才的样子，轻轻拍着小哥哥的背，而且拿起桌上的水让小哥哥漱口，并细心地为小哥哥擦嘴巴。

所有人都知道，社会到处都充满了激烈的竞争。好像成人和小孩子都开始变得冷漠和自私，变得只关心自己，对别人的痛苦视而不见，甚至会把自己的快乐建立在别人的痛苦之上，这样的现实让人觉得心寒。面对这样的环境，女孩天生的同情心就应该呵护与培养，家长更要尽力创造条件让孩子的同情心得到呵护与培养。

1. 发现和保护女孩的同情心

一个儿童心理学家曾经说过："富有同情心的人会在别人身处险境的时候，有一种强烈想帮助对方的冲动。"其实女孩生来就具备这种"强烈的冲动"，因为"性本善"，具有同情心的女孩能够容易地觉察到其他人的困难和需要，并用自己的行动来帮助这些身处困境的人。

一位母亲有这样的教育经验：

有一天，刚从幼儿园回家的孩子告诉我："妈妈，我们今天在树下玩的时候，发现一只小狗狗死了，很可怜。老师说小狗应该是被着火的树叶烧死的。我们班小朋友都哭了，老师和我们就一起把它埋了。""当时你哭了吗？"我刻意地问她。"没有。"女儿看着我，有些害羞地说。"同情心并不等同于哭泣，有同情心不一定都要哭的，"我开始帮女儿改正她的想法，"你说它特别可怜，就说明你已经对这只小狗有了同情心了。比如上次奶奶生病的时候，你把自己好吃的东西都给了奶奶对不对？这证明你是一个有同情心的孩子。"女儿听后，好像明白了。接下来的两个星期里，女儿还是不断地提起那只小狗狗被烧死的事，每次都是一脸伤感、难过的表情……

上面例子中的小女孩是个有同情心的孩子，她能从自身的体验出发感受小狗的痛苦，而这种情感体验对于培养孩子的同情心是十分重要的。

2. 用情境感化女儿，激发她的同情心

女孩的同情心不可能以极快的速度培养出来，也不是靠口头宣传或大人的命令就能培养出来的。这一切都离不开父母的引导，其中情境感化非常重要，可以激发女孩的同情心。

有一天下午放学的时候，天空突然下起大雨。大部分学生都拿着自己的雨具往家走。

笑笑的妈妈去接笑笑的时候，看到还有一个学生张锐没有回家，原来她没有带雨伞，父母还没来接她，所以她只能在教室里等。这个时候，笑笑的妈妈就上前把自己的伞让给张锐。

张锐说："阿姨，您把伞给我了，那您和笑笑怎么回

家呢?"笑笑的妈妈说:"没关系,我带了两把伞,我可以和笑笑打一把伞!"笑笑也在一旁高兴地说:"张锐,你先拿着这把伞走吧,我和我妈妈用一把伞就行了,你就放心吧,这一把伞就够我们用啦。"

张锐高兴地说:"阿姨,谢谢您了!笑笑,也谢谢你。你和阿姨的心肠都这么好。"听着张锐的话,笑笑和妈妈都觉得十分开心。

由此可见,要让女孩对人对事产生同情心,逐渐让她的感情世界变得丰富与充盈,就要教会她懂得怎样去关心、爱护、体贴别人,并让这种同情心逐渐变成一种自觉的习惯,如此才能具备良好的思想素质和美好的心灵。

3. 重视榜样的示范作用

女孩在幼儿阶段的思维主要是形象的思维,她们的道德发展处于他律阶段。所以,女孩很难理解空洞的说教和抽象的概念,但是用具体形象的榜样力量去教育、去影响女孩就能收到良好的效果。

家长做人、处理事情的态度会让女儿在不知不觉当中接受这种影响,所以,父母坐车的时候要主动地给老人让座;对乞讨的人给予力所能及的帮助;平时,父母要做到尊老爱幼,友善对待周围的人,同情弱者……这种长期的影响会让孩子的同情心逐渐培养起来。

引导女孩学会爱和感恩

当一个女孩知道感恩时，她便会让感恩化作一种充满爱意的行动，并实践在自己的生活当中。因此，由于感恩父母，她不再无理取闹，反而变得理解父母，进而帮助父母；由于感恩老师，她用心学习，不再偷懒逃课；由于感恩生活，她不再忧虑悲愁，而变得阳光、向上。

苏霍姆林斯基是苏联著名的教育家，他曾说："童年时期是良好感情形成的重要时机，假如童年蹉跎，失去的就没有办法弥补。"所以，对孩子感恩心的培养开始得越早越好。有一位妈妈给我们提供了极好的范式：

今年女儿刚刚10岁，家人的过度爱护让她变得有些自私、任性和霸道。为了让女儿懂得感恩，我经常在她睡觉之前讲一个感人的故事。记得有一次，我在报纸上看到关于《感恩的心》这首歌曲的创作缘起。就把这段故事告诉了女儿：有一个先天失语的女孩子，很早就失去了爸爸，家里只有妈妈和她两个人相依为命。由于家庭条件不是很好，小女孩的母亲每天都要很早出去工作，很晚才会回来,但她每天都会给女儿带回来一块年糕。

每到晚上,这个女孩都会坐在门口盼望妈妈回来。其实她并不是特别爱吃年糕,但是由于年糕是最便宜的食物,为了节省家里的开销,她就撒了个谎,说自己爱吃年糕。在一个风雨交加的夜晚,小女孩等到很晚也没有等到妈妈,后来小女孩等不下去了,就鼓起勇气在下着大雨的黑夜里前行,她走了很久,终于看到了妈妈,但是妈妈此时却躺在了地上。

女孩飞快地跑向妈妈,用力地摇晃着妈妈的身体,然而妈妈却没有一点反应,一双眼睛死死地睁着,一块年糕被她死死地攥在手里。这时,小女孩才知道妈妈已经不会再醒过来了。她的眼泪早已经没有办法控制地流了下来,可是妈妈的眼睛怎么是睁开的?难道是在担心她吗?

为了让妈妈安心地离去,小女孩一遍又一遍地在风雨中做着《感恩的心》的手语,慢慢地她脸上的雨水与泪水混在了一起……说完这个感人的故事,我又轻轻哼起了那首《感恩的心》,女儿也跟着我一起唱了起来。向来很冷漠的女儿,忽然抱着我说:"妈妈,我爱你!你养育我一定很辛苦吧,以后我一定做一个乖孩子。"

一个不懂得感恩的女孩,就没有爱别人的能力,培养女孩感恩心的最好方式之一就是悲情教育。这会让那些不知道爱、不愿意爱的孩子感受到爱的力量。那么家长可以运用什么样的悲情教育方法呢?

1. 让女儿观看一些有关感恩的影片、电视节目

有一篇网络日志讲述了一位母亲的经验：每天在工作和家庭中繁忙奔走，这些压力常常让我觉得疲累，但这些身体上的折磨都能忍受，但女儿对我的态度却让我无法忍受。

人们常说"女儿是妈妈的贴心小棉袄"，可女儿并没有给我这种小棉袄般的温暖，相反，随着女儿年龄的增长，她对我总是有很多不满："妈，你怎么就不能做点好吃的饭啊！""妈，你太唠叨了，让我静一会儿！""你管得也太多了吧！"……也许有一部分的确是我的错，但是她的这种做法确实经常让我觉得痛心。

为了让女儿懂得感恩，每个星期天我都会跟她一起观看一些感人的电影，平时在家里看电视，也尽量把一些感人的电视节目推荐给她。 没想到，过了一段时间之后，事情真的向好的方向发展了。 女儿开始的时候对这些节目很是抵触、反感，到后来又慢慢愿意接受，现在是主动注意有哪些感恩的影片，并拉着我一起观看。

女儿的改变还不仅仅只是这些，她现在已经用一种很好的态度和我交流，偶尔还会帮助我做家务，这在以前是不可能的。 最近这两天，她又想学做菜，她的理由是："老妈，你的厨艺有待上升，不过，我学会之后，就可以天天给你和老爸做好吃的了。"我想女儿这一切的转变，跟她所观看的那些电视节目与影片是分不开的。

现在，很多孩子都有些缺失感恩心理，她们往往习惯以自我为中心，对于个人之外的人和事物，常以一种霸道、冷漠与自私的态度示人，家长要想改变女孩的这种"糟糕"心理，可以模仿上面那位妈妈的做法，让孩子在观看节目和电影的同时

进行自我反省。

2. 时常带女儿参加慈善捐助会

捐款箱、捐助晚会、慈善义卖活动……人们在日常生活中经常会看到以集体形式出现的公益行为。事实上,悲情教育的宗旨就是要让孩子对别人的伤痛有切身的体验,进而触动她的情感神经,让她学会关爱、帮助别人。

8岁的艳艳有一个很胖的小猪存钱罐,父母对她说,硬币塞满小猪肚子的时候,那个她最喜欢的娃娃就可以买回家了。所以,每天她都很乖地帮妈妈打扫卫生,帮爸爸整理书房,因为这样她就可以赚取一定的酬劳,可以更快地买到那个娃娃。

有一天,妈妈带着艳艳参加一个名为"救治白血病儿童"的捐助活动,她却把自己小猪存钱罐的钱都捐了出去。虽然不能买自己最喜欢的娃娃了,但她一点儿也不伤心,因为妈妈曾告诉过她,小姐姐的病治好之后,光光的头上就会和她一样长满黑黑的长发,艳艳希望那个生病的小姐姐能和她一样有漂亮的头发。可是小姐姐治病的钱不够,所以,她就把自己的钱全部捐了出去。虽然那都是一角一元的硬币,加起来也没有10块钱,但孩子的关爱之心却是极为真挚和动人的。

所以,家长可以常带自己的女儿去参加一些慈善捐助会,培养女儿的同情心。

◇ 为女孩建立民主和谐的家庭氛围 ◇

> 我宣布本周的家庭会议正式开始。

> 你积极帮助妈妈分担家务,在此提出表扬。

> 爸爸妈妈,我这周表现怎么样?

> 我这周工作比较忙,陪你们的时间比较少,我以后会注意的。

> 咱们趁国庆假期出去旅行怎么样?

> 好啊,那我们现在来做个计划吧!

　　本例就是一个宽松和谐家庭环境的典型,大家在尊重彼此的基础上畅所欲言。正是因为父母把女儿看作是与自己平等的独立个体,并认真倾听她的想法,所以才能有如此温馨的氛围。

高情商家教思维

1. 有哪些措施有助于为女儿建立平等和谐的家庭氛围?
   _____
   _____

2. 如何培养女孩的思考能力与表达能力?
   _____
   _____

3. 在家庭会议中,有哪些注意事项?
   _____
   _____

4. 如何缩小父母和女孩间的距离感?
   _____
   _____

5. 你是否认同"人善被人欺"这种说法? 为什么?
   _____
   _____

6. 有哪些方法可以培养女孩包容与善良的品格?
   _____
   _____

7. 反思一下,你是否曾用居高临下、不平等的态度对待女儿?
   _____
   _____

第三章

女孩富养显气质

富养，让女孩更受人欣赏

培养女孩富足的精神，让女孩在自信的基础上变得开朗、善于交际，在言谈举止方面变得更加得体有礼，成为大家更喜欢的女孩。

父母以自己的孩子为骄傲，父母也希望自己的女儿优秀高贵。所以，一定要朝着这个目标去教育自己的孩子。对于女孩的教育，就像对鲜花的种植那样，不仅需要自然条件，更需要花匠们的细心照料，只有这样才能够变得可爱美丽，具备迷人的气质。

随着时代的变化，女孩已经有了更多的美好的形象，已经成为推动社会发展的有力力量。女性在现代社会中具有越来越重要的地位，她们也能够出色地干出事业。这当然是与父母的教导密不可分的。

下面是一位母亲的经历：

我希望自己的孩子能有出息，因此在她小时候，我就注重培养她文艺方面的兴趣，我还经常听取女儿的意见，就算她还是婴儿的时候也是如此。随着女儿的成长，我开始引导她学习礼仪方面的知识，让她明白女孩子应懂得的礼仪，但是我并没有强迫她去学习，而是通过自己的行动影响她。我尽力做到待人和善，做女儿的榜样。大家都很喜欢我的女儿。

著名教育家苏霍姆林斯基说："少女如同花一样，需要精心照顾才能长得好，应当在花朵怒放之前就设法使这朵花开得更美丽。"上面故事中的母亲就践行了这样的教育理念，在尊重女儿的基础上施教，终于让女儿成长为受人喜爱的花朵。我们怎样才能使女儿在富养的环境下变得更出色呢？

1. 从十月怀胎开始，就给予女儿富足的"养料"

心理学家说过，父母对于女儿形象的设想会影响她们对女儿的教育态度，会对女儿日后的形象起到很重要的作用。

下面是一位母亲的故事：

> 我本来是一位温柔娴静的女人，然而怀孕让我对"美"的事物很感兴趣。同事还开玩笑说："你怎么开始对漂亮女人感兴趣了呢？"事实上，同事们说的没错，因为不论我在哪里，总会出神地看着美丽的姑娘，直到别人被我看得不好意思。终于，有一个同事向我解释道："你想有一个漂亮的女儿。有人说，怀着的女孩会通过这种方式变得漂亮。"

虽然这位母亲的做法很滑稽，但其实是和胎教科学相关的。

一位来自美国的胎教专家通过研究得出：胎儿对于外界的美感是有感知的。比如孕妇经常到美丽的大自然中去，就对胎儿的发育很有好处。所以，孕妇不仅需要保持良好的心态，也要多去接触一些美的事物。

2. 父母要培养女孩的审美观

对于女儿的相貌，父母要给予积极的引导，不要让孩子因为相貌而影响性格，并且要让女儿明白，内在美比外在美更重要。

父母还要正确地发掘出孩子学习的天赋。例如，孩子在幼儿时期的语言天赋很突出，这是她们学习语言的最好时机，这就需要父母的精心培养，充分利用好孩子在这一阶段的心理特点。想象力丰富也是女孩在这时候的另一个特征，她们热爱颜色鲜艳的事物。这时，要培养女儿正确的审美观，告诉她内在美比外在美更重要。

3. 引导女儿正确认识青春期

老话说："女大十八变，越变越好看。"女孩子在青春期会发生很大的变化，这时候，父母除了要关注孩子的心理之外，也要积极认可女儿的美丽。

小月见到班里很多女孩子都戴漂亮的耳环，她也希望能够戴这么漂亮的耳环，于是就回家询问妈妈的意见。妈妈用很委婉的方式向小月说明了自己的观点："妈妈并不会阻止你，但是，妈妈想让你知道，打耳洞很疼，严重的会发炎，因此，你就需要特别的注意，这会给你带来很多的不便。对于学校的校规你也要注意，你可以平时戴……"

　　妈妈的话音未落，小月就打断说："这事太费时间了，还是等我长大一些再说吧！"之后，妈妈对小月说即使不戴耳环也很漂亮。没过多久，小月就不再想着这件事了。

对于美的追求，青春期的女孩会表现出很强烈的态度，这个时期，女孩敏感并且叛逆，因此不能对美做出比较全面的理解，比如身材的原因就可能会使她们感到自卑……这时，家长就要特别注意对女儿的正确引导。

杜绝盲目消费,给女儿讲讲"性价比"

　　超市的促销活动开始了,"跳楼价"等标语吸引着消费者抢购。 可是把东西拿回家才发现,费力抢到的东西根本就不是自己需要的。

　　很多人都碰到过这种情况:即受广告蛊惑而盲目消费——买之前大家都只是担心东西被抢光了,而忽略了它实用性的问题。 尤其是做了父母之后,生活的压力大,一看到商品降价了,就会反射性地去买,结果买回来才发现是"废品"。

　　在这方面父母一定要小心,因为女孩们正在学习你们。她们买东西时也会这样,不理性消费,只看自己喜欢与否。所以,想要自己孩子学会理性消费,首先自己一定要做好。

　　闲来无事的时候,可以告诉女儿一些买东西的技巧,比如,"性价比"。 性价比,举例来说,两款不同品牌的电脑,功能相似,但价格有差别。 为尽可能地节省,我们会选择价格低但功能差不多的电脑,这样性价比就会很高。

　　把这些告诉孩子之后,当她买东西时,也会去注意比较商品的性价比。 假如孩子想要一个铅笔盒,就要比较,同样功能的两个铅笔盒,却相差20元。 那么女儿就会选择价格低,但性价比高的铅笔盒了。

此外，父母还要让女儿知道：在买东西之前，想好这个东西买回来要怎么用，会不会变成"废品"，特别是对那些价值不菲的东西更要慎重。有些孩子，尽管家里已经有很多布娃娃了，可是看到新的她还是想要买，怎么办呢？

这时父母应该控制女儿的欲望，给她设规定，比如给孩子定一个买东西的期限，或者只有做了值得嘉奖的事情才满足她。这样既改正了孩子盲目消费的习惯，还提高了她的自控能力，一举多得。

让女儿在买东西前先考虑五分钟。五分钟足够她思考清楚了：一分钟想想自己是不是已经有类似的东西，接着想假如自己没有，那买这件东西是为了什么，假如有原因，那么再花第三分钟考虑这东西的性价比，假如性价比可以，那么还需要一分钟来想想自己还有没有余钱来买它，假如超支，就要再考虑一下。之后，她想好之前的问题了，再花一分钟想象一下父母的不容易。

实际上，很多孩子只要看到自己喜欢的东西，不去想有没有更便宜的，就直接买了。可是当买下以后，就会发现在旁边的一个店里，那里的东西比刚刚买的便宜多了。所以，父母要教会孩子买东西时"货比三家"。

培养女孩理财的技巧

对于金钱，有的女孩比较单纯，觉得自己能有零花钱买想买的东西就好，有些女孩则更有目标，她们会把钱攒起来去干更大的事，比如，旅行，投资。可是因为还没有挣钱，父母给的零花钱又不会很多，攒很久也没存下多少，自己的愿望便难以实现。为了让女孩在自己的努力下完成心愿，父母也要帮帮忙。当然，不能很直接的赞助，那样便又沦为"提款机"了，应该用其他巧妙的方法。比如，教会女儿如何省钱，这样，为了达成心愿，女儿还能在实践中得到许多宝贵的生活经验。

其实，还有很多的技巧可以省钱，父母在平时教育女儿的时候，要注意结合女儿的特点进行指导。

第一，应该告诉女儿，不滥交朋友是一个很好的省钱的方法。如果朋友爱乱花钱，那女儿也会受到影响。相反，如果朋友很节俭，女儿也会在不知不觉中向她学习。

第二，父母要有计划地控制女儿的零食。比如，一周只可以买一包薯片。在严格的控制之后，女儿就可以少花很多钱了。

父母还可以告诉女儿,每周给的零花钱如果多了,那么省下的钱便存起来。一年之后,她们便可以惊喜地发现,原来自己成了小"富翁"了。购物之前最好要列出一张购物清单,那样就不会在超市漫无目的地寻找,而是迅速地挑选完毕,避免一时冲动买下不需要的东西。这样也可以节省不少呢。

同学之间有时是需要送礼物的,比如好朋友过生日就要破费一下。这时,父母可以告诉女儿,自己动手制作的礼物远比买来的更有意义。比如,亲手做一顿饭,包装好了送给朋友。亲手做的东西总是独一无二的,收到礼物的人也会感到很幸福。

第三,平时开销都要记账。记账看起来麻烦,但效果却是出乎意料的好。实际上,有记账习惯的人可以很高兴地发现,自己的开销会在不知不觉中减少。

只有平时多注意,才能熟练地掌握省钱的方法。在家里,父母也可以和女儿交流一下省钱的窍门,平时出门,不要让女儿带太多零花钱。因为兜里有钱,对自控能力差的人来说,欲望便不能得到很好的抑制。比如,路过一家奶茶店,那么很可能就抵制不住奶茶的诱惑去消费了。如果身上钱不够,那就只能打消买奶茶的念头了。

除了这些省钱的技巧,在培养女孩财商方面,心理学家还建议:在确定零花钱数目时,可以让女儿参与到其中,但家长一定要量力而行,不要给太多。家长可以在自己有空的时候和孩子交流一下,了解一下她对于自己家庭经济情况的认知,同时也可以让女儿知道家里每月的收入。

确定零花钱数目时,除了要参照家庭经济情况,还要考虑到孩子的年龄。毕竟，孩子的开销会随着年龄的增长而增多。这就需要家长依据实际情况来教育女儿，比如，告诉她正常情况下，小学生需要多少零花钱便足够了，中学生又如何如何。通过父母提供的信息，女儿就会知道自己拥有多少零花钱是合适的。

在和孩子商讨好零用钱的数目之后，为了防止家长或女儿反悔，最好能有一份协议。当然，如果有意外情况发生，重新协商零花钱的数目也是允许的。一些奖励也可以被制定在协议中，比如，成绩提高了，或者是做了好事等。当然也要确定好奖励的额度。

女儿是家庭的一分子，在确定零花钱数目的时候让女儿参与进来，也能增强她的主人翁意识。随着女儿年龄的增长，协议的内容也会发生变化，女儿的成长也可以从协议的变化中看出。

孩子被父母视作珍宝，尽管人小，但她们的自我意识却是越来越强。有些父母名义上和孩子商量零花钱的数目，实际上却根本不顾及女儿的想法，只是自己做出决定。这是很不可取的方式，不仅会使女儿自尊受损，而且还会损害父母在女儿心目中的形象。

擦亮女儿的气质招牌

女孩最宝贵的是气质,一个有气质的女孩,会立即表现出与众不同的特点。

化妆品牌羽西的创始人说过:"不是只有名人才有气质,气质是属于每一个人的。气质与修养也不是和金钱权势联系在一起的,无论你的职业、年龄,哪怕你是这个社会中最普通的一员,你也要有自己独特的气质和修养。"那么家长要着重培养女儿怎样的气质呢?

1. 人格之美

女性气质魅力的美从深层散发出来,自爱、自尊、贤淑、端庄、富有同情心、善解人意等这些人格特征都是美好的。相反,自私、轻浮、叽叽喳喳、鼠肚鸡肠的女孩,即便是美若天仙也不招人喜欢。

2. 温柔的力量

说到温柔,人们首先想到的是圣母,想起她温暖柔和的微笑。她的微笑向人们展示了温柔、善良、博爱,她巨大的艺术魅力可谓历久弥新。所以,女性的柔美大概是男士们最为看重的。

3. 学识和智慧

女孩要适当读书思考。知识和修养可以令人明智聪慧,也会大大提升女孩不凡的气质。学识和智慧是气质的支柱,有了这根支柱,容貌上的不足也可以弥补。

4. 坚韧的品质

女孩子要温情,却不要一味地顺从、撒娇、依赖。女性也要有主见、有个性、有自由的行为。这样的独立是一种由情感中透露出的柔韧,是一种意志上的自制力,是一种既不流于世俗又为理性所控的行为。那些毫无主张、见异思迁、遇到挫折便哭哭啼啼的女孩,即使长得再漂亮也不会受人喜爱的。

对女孩而言,气质永远是一种诱惑力,因为气质与美貌不同,它需要丰富的积淀,需要傲人的气度与素质。

今天,人们的生活越来越丰富,用来美化包装女孩的手段可谓是令人眼花缭乱,而真正超凡脱俗、难能可贵的气质,却是需要漫长岁月积淀出来的。它像一抹梦中的花影,像一缕生命的暗香,渗透进女孩的骨髓与生命之中,让她们在岁月流逝后,仍然能够拥有一份灵秀和聪慧,一份从容和淡泊。

女孩的气质不仅仅来自先天的资质,后天长期的潜心培养也同样重要。而刻意效仿、临时集训则全然不可能改变气质,整不好反而成为效颦的东施,弄巧成拙。

自律能力——战胜自我的首要条件

俄国著名作家陀思妥耶夫斯基曾说："如果你想征服全世界，你就得征服自己。"这句话换个角度来说，一个女孩子要想成为强者，就要先战胜自己，而战胜自己的首要条件，就是要有自律能力。

一个缺乏自律能力的女孩子，很容易受到各种各样主客观原因的干扰，也很难在某一领域做出杰出的成绩，实现自己的理想和目标就更不容易了。

有一位妈妈这样忧虑地谈到自己的女儿：

女儿今年刚满4岁，她非常喜欢玩具。有一天在超市里，她走到玩具区后就怎么也不出来，原来她看上了一套新出的芭比娃娃，可是家里这样的玩具已经有很多了，我就劝她说家里芭比娃娃已经有很多了，不用再买了。但是女儿就是不依不饶，死活都要买那套玩具，换一种玩具都不行。眼看着再不给她买，她就要大哭大闹起来，我只好妥协给她买了下来。谁知，回到家没多久，女儿就对那套玩具失去兴趣，开始玩起别的玩具。我这里最担心的不是孩子乱花钱,而是她一点儿控制自己欲望的能力都没有,如果将来还是这样,我该怎么办啊?

父母遇到这样的情况时,可以选择循循善诱的方式,告诉女儿"喜欢"和"拥有"是两回事,并且父母要坚持自己的意见,然后用转移注意力的方式促使女儿离开现场,还可以在下次出门的时候,约法三章,给她基本的心理暗示,帮助女儿培养自我约束能力。

孩子自律能力的培养更多的是在她所处的社会环境中(包括学校、家庭)通过教育而获得的。因此,父母要做好培养女儿自律能力的"家庭教师",谨记培养孩子自律性的四大原则——承担责任、延迟满足、忠于事实、求得平衡,让女儿在以后的生活中懂得自我约束、消除欲望,进而走向成功。

1. 让女孩学会自我控制、自我调节

孩子在幼年时期自我控制和自我调节能力都很差,到她3~4岁之后,才逐渐发展起自律的能力,但是,这时的孩子依然受冲动和欲望的影响,不能完全控制自己的情感和欲望。如若父母过度的宠爱和保护,就会变得更加的骄纵,而一个放纵和任性的女孩子是很难有什么作为的。

8岁的陆姗是一个长得很可爱的女孩子,而且很喜欢吃甜食,尤其是巧克力。陆姗的妈妈发现,女儿吃蛋糕时,吃饱就不会再碰了,但是吃巧克力时,一点儿节制都没有。有一次吃过晚饭,陆姗就对妈妈说:"妈妈,我要吃巧克力。"妈妈就给她拿了两块。五分钟后,小丫头又跑到妈妈的面前说："妈妈，我还要吃巧克力。"陆姗妈妈虽然知道晚上吃太多甜食对孩子身体不好，但是又不想让女儿不开心，就又给她拿了两块。谁知，类似的要求一晚上姗姗提了很多次，气得妈妈把巧克力放在了很高的柜子上，而陆姗竟然搬个凳子要爬上去拿巧克力，这一下子把陆姗妈妈吓坏了，万一女儿摔倒怎么办，无奈之下只好把剩下的巧克力给了女儿。

女孩子的自律性差，很大一部分是父母娇宠出来的，所以要想改变孩子自我约束能力差的毛病，父母就要把主动权放到女儿的手上，让她自己学会自我控制和自我调节。比如上面的那位妈妈可以一次性把10块巧克力放在孩子的面前，然后告诉孩子吃太多巧克力对她牙齿和身体的坏处，接着和孩子商量好一天只能吃两块。孩子答应了，就要要求她按照约定去做。等到时间长了，孩子就会有所进步。

2. 延迟满足孩子的需求和抵制欲望

法国教育家卢梭曾在其著作中写道："你知道用什么办法准能使你的孩子得到痛苦吗？这个方法就是——百依百顺。"这是因为孩子在父母对其有求必应的条件下，头脑中会渐渐形成一种思维定式，认为自己想要的都会马上得到，所以他们会变得越来越任性，越来越贪心。而延迟满足自己女儿的需求，不但能够锻炼她的耐性和自律性，还可以帮助她学会节制，抵制欲望，成为一个自我约束能力很强的女孩子。

有一位妈妈的教女经验很值得父母们学一学：

我的女儿香香今年才5岁,但她却比同龄的孩子更有耐心。一天,幼儿园老师发给所有小朋友一根喜羊羊的棒棒糖,孩子们一拿到就想吃。这时,老师对他们说:"谁要是能等到老师回来后再吃,那么我就奖励她一张海绵宝宝小贴片。如果我回来的时候,你已经吃过了,那么可爱的小贴片你就得不到了!"孩子们尽管嘴里说着"我想要海绵宝宝",但是当老师一离开,一部分孩子就忍不住吃了起来,一边嘴里发出"非常好吃"的声音,一边劝说其他的小朋友也一起吃。等到老师回来的时候,只有包括香香在内的四个孩子的棒棒糖是原封不动的,当然这四个孩子也拿到了海绵宝宝的贴片。

　　后来,有邻居问我,女儿香香为什么这么自觉,能经受住诱惑。我非常自豪地说:"从香香很小的时候,我对她的要求总是慢半拍,就算在她三四个月的时候,我也不会一听到她的哭声就冲到她的跟前,而是先弄出一些声音,暗示女儿妈妈就在不远处,过了一会儿,我就出现在她的面前;等到她长大一点,知道要东西的时候,我总会延迟满足她的要求和愿望,正是因为有了期待,在等待的过程中,香香才会表现得比一般的孩子冷静和能忍。"

◇ 杜绝女孩盲目消费的习惯 ◇

（1） 妈妈，我想买那个洋娃娃。

（2） 我好像还是有点想买。
妈妈建议你先想想家里有没有类似的娃娃，再想想你买回家能新鲜多久。

（3） 那妈妈就先给你买，但这个钱要从你的零花钱里扣，你只有下个月多帮妈妈做家务才能赚回来，可以吗？

（4） 妈妈，那我不买了，我还是回家玩我的那个娃娃吧。

　　家长无论何时都不应盲目溺爱孩子，她无论要什么都给她买是不对的，家长要让女孩理性看待商品，衡量性价比后做出冷静的选择。在日常生活中，家长还要向女孩灌输一些省钱的方法技巧。

高情商家教思维

1. 你是否认同"女孩要富养"的观念？为什么？
   _____
   _____

2. 如何杜绝女孩盲目消费的现象？
   _____
   _____

3. 如果女儿已经养成了攀比的陋习，该如何帮助她改掉这一恶习？
   _____
   _____

4. 反思一下，自己是否常常因价格便宜而购买一些根本不需要的东西？
   _____
   _____

5. 你有哪些省钱的技巧可以传授给女儿？
   _____
   _____

6. 决定零花钱数目的时候，是否有必要和女儿商量？为什么？
   _____
   _____
   _____

第四章

通过沟通培养阳光女孩

母亲——女孩温暖的摇篮

"世上只有妈妈好,有妈的孩子像块宝,投进妈妈的怀抱,幸福享不了……"每一位母亲都知道这首歌,甚至也会教给女儿。可是女儿不一定都能理解其中的含义,她们会感到奇怪:"怎么会说有妈的孩子是个宝呢?"

这时,母亲就要用自己的行为来告诉女儿答案是什么:女儿伤心难过时,妈妈总是耐心地陪伴,因为这会给她最温暖的支持;女儿想与人交流时,妈妈会真诚地与她沟通;女儿想倾诉时,妈妈就是最好的听众……但是母女间的关系在女孩成长的不同阶段也会有变化:

0~7岁阶段

许多母亲都觉得对女儿进行早期教育时,会存在不少矛盾。当女儿形成了自我意识,开始探索外在世界的时候,父母就会陷于鼓励与批评、保护与限制、称赞与骄纵的矛盾之中。在此期间,父母应该商量行事,统一意见,例如,孩子学习与玩耍时间的控制、对孩子身体和心灵教育的分工等。

8~12岁阶段

此时的女孩刚刚具备学习和创造能力,所以愿意缠着爸爸，不爱在家陪妈妈做家务，甚至还会到外边和男孩子一起玩耍。所以有时母亲会觉得女儿远离自己了，还会羡慕他们亲密的父女关系。此时母亲不妨对女儿"放手"，让她有机会和家庭中的男性成员沟通，这可以帮助她学会如何与异性相处。

13～17岁阶段

卡尔比大学的著名教授琳·M·布朗，曾讲述过一对母女的谈话："嗯，这的确不够公正。并且我也能体会你的心情，尽管我也不知道如何处理，但我想我们可以一起想办法努力来解决它。"妈妈这番话，让女儿得到了认同感，不仅能加固母女之间的关系，还可以帮助青春期的她解决问题。

此时母亲在处理问题的时候一定要小心，因为此时女儿已经会独立思考了，所以母亲要认同并支持她，对于性问题、与男孩子相处等敏感的问题，也要早做准备，以便随时帮助女儿。

作为妈妈应做好以下两点：

1. 理智地爱，千万不能溺爱

> 妈妈就妞妞这么一个孩子，自然是倍加呵护，从没让她打扫过家里的卫生，什么事情都帮她处理好。甚至在大学期间，妈妈还在学校周围找了个房子，租下来住，成了一名专业陪读，只要有空就过去帮妞妞整理宿舍。
>
> 妞妞大学毕业那年获得了公费出国的机会，大家都很开心，但妞妞却不太高兴，反而开始担心起来。因为她害怕出国以后没有人照顾，不知道出国以后该怎么办。

令人惊讶的是妞妞由于过度担忧而出现精神问题。妞妞妈妈此时只有后悔："我们什么都先考虑到她，也做得很到位，但最终却变成了这样！"

每一个妈妈都爱孩子，但爱要合情合理，不能溺爱。不要像妞妞妈妈那样，只从自己单方面的爱考虑，而不去考虑对孩子的影响，或是只在物质上帮助孩子，却忘记了培养孩子独自生活的能力。

所以，母亲要冷静思考，思考如何既能让女儿明白自己的苦心，又能教她学会如何处理问题、面对困难与挫折。这样她们才能生活得幸福。

2. 教会女儿适当地放松

一位妈妈这样讲述她的育女经验：

我有一个9岁的女儿，尽管我为她定了很多目标，学习上也不让她放松，可是我们的关系依然非常好。其实这并不难，因为我会在她大脑疲惫的时候，教她一些放松自己的方法。一天，女儿在学习中遇到了困难，很纠结，我就温柔地说："宝贝，怎么不去玩一会儿呢？换个心情，也许就会做了。"

女儿高兴地玩耍了一阵，再看这道题时，竟然真的把题解出来了，还没消耗太多的精力。女儿高兴地对我说："妈妈你是怎么料到，我玩完之后就能做对的？"我笑着说："这就是适当休息的好处。"

母亲在教育女儿时，不要对女儿过于严格，应该让女儿通过适当的放松来恢复到最佳状态，没准就能让她突破自己。这种劳逸结合的方式，不仅能让她们生活得更有规律，还能让她们学会享受生活。

父亲——女孩生命中的"指路灯"

在女儿心里,爸爸是她接触的异性第一人。女孩子对于男性最初的印象,很大程度上来自自己的父亲。如果爸爸能给女儿好的影响,那么女孩子就会认为男性是"英雄"和"榜样",这也通常会帮助女孩认识到父母在家庭中的不同地位。

父亲在情感表达上有自己的方式,他不会对孩子不停地唠叨,也不会像妈妈一样经常陪伴女儿,因此,父亲的认可对于女孩而言就显得极其重要。由于父亲的介入,女儿对于母亲的依赖程度就会有所降低,使孩子逐步形成自立的意识。特别是青春期的女孩,对她们而言,父亲的认可和鼓励更是成长的"强心剂"。

父亲对女孩女性气质的培养起着关键的作用。比如对于女孩的女性气质表现出欣赏,那么就会有助于一个女孩女性气质的培养;对于女儿新换的发型,作为父亲是表扬还是批评,这些都对女孩的自我认识有很大的影响。

总之,对于女儿日后生活的幸福,父亲有着很大的影响,孩子会从父亲那里得到生活的经验,比如了解到权力、坚强、勇敢、勤劳、自身素质、人际交往、自尊、自立、自强等。父亲一定要学会和女儿保持情感上的亲密关系,让女儿认识到父亲对她的保护作用,能在她最迷茫的时候给她照亮前方的路。

父亲对身边事物的态度是否正确,能够对女儿产生潜移默化的影响。那么,应该怎样成为一位合格的父亲呢?

1. 对孩子的爱要说出来,但不要滥说

在表达情感方面,中国的父亲都比较含蓄,他们不善于用语言表达,不会把对女儿的赞赏说出来,因此建立父女之间的沟通关系十分重要。同时,为了避免女儿的过度依赖,父亲也不能对女儿表现出放纵的溺爱。

有一位父亲的方法非常好:

> 孩子刚上小学,是我和妻子的小天使,我们很爱孩子,但没有溺爱。有一次,老师留的作业很多,女儿吃完饭就写,但是到很晚都没有完成。她平常每晚睡觉时间应该是8点,这次却已经9点了。我一直陪着她,发现她已经打瞌睡了,就让她先去睡觉明天再写,她却坚持着,说一定要完成作业再去睡觉。
>
> 尽管女儿平时听话懂事,但面对这么多没有完成的作业,她觉得很委屈,对我哭着说:"帮我把生字抄了吧,爸爸。"虽然我对老师布置过多作业不满意,也十分心疼女儿,但是我依然拒绝了孩子的请求,对她说:"好孩子,只有自己完成自己的任务,你才是值得表扬的。"看到我不帮她,女儿更委屈了:"爸爸,你难道没有写不完作业的时候吗?"看着可怜的女儿,我帮她把委屈的眼泪擦干,跟她说:"好孩子,爸爸很爱你,爸爸虽然不会

帮你做作业,但是爸爸会陪着你写完作业的!"

也许是受这件事的影响,从那以后,再碰到困难的时候,女儿总是自己去思考解决问题的方法。

2. 为女儿创造成功的机会

每个女孩都希望被人称赞和认可,所以,父亲要给予孩子最大的帮助,制造一些机会让女儿享受成功的喜悦,帮助她树立自信心。

甄珍很想在一次讲故事比赛中取得好名次,于是就在家里一遍一遍地练习编好的故事。女儿的认真让爸爸很感动,于是帮助女儿一起修改故事,还对女儿表演时的语气、节奏和动作表情等方面进行指导。甄珍在正式比赛那天表现非常好,终于在父亲的陪伴和帮助下实现了自己的愿望。

真的,爸爸应该多抽出一些时间跟女儿在一起,还要经常带孩子出去游玩,陶冶她的情操,培养她勇敢的品质,加深对女儿的了解。 同时,通过自己良好的行为为女儿树立榜样。

帮助女儿合理宣泄感情

女孩子的情绪都是真实而强烈的，她们的行为也直接被情绪支配。和成人一样，情感是女孩表达自己愿望的一种方式。所以，女孩子的情绪变化应该引起父母的高度重视，让她们的情绪能通过父母的帮助而得到疏解。

很多父母是这样认为的：女孩的压力比男孩小得多，女孩不会因为压力而产生抑郁。实际上，女孩在得到父母关爱的同时，自己自由发展的空间也越来越小了；很多女孩有很多的玩具，却没有父母陪伴在身边；在幼儿园的时候可能会和老师和同学发生一些矛盾，压力感就随之而来了。

在孩子眼中，她所处的是一个有着百般变化的环境。孩子吸收了各种各样的信息，大量的信息也使得她产生了大量的疑惑。爸爸妈妈去哪儿了？什么时候回来？当我睡着了，门外的那条大狗会不会跑来咬我呢？我床底下会不会有东西呢？为什么要去幼儿园？爸爸妈妈为什么不陪我去呢？这些都会给女孩带来焦虑。

情感上的伤害也是女孩经常经历的，比如亲人去世、父母关系不好、考试失常等，这些都会让她们有很消极的感受。

另外，成绩差，长得不好看，这些都会让女孩感到自卑。孩子因为抑郁感到不快乐，而抑郁带来的另一个结果就是孩子不断地否定自己，觉得自己越来越糟。许多女孩就因此变成了抽烟喝酒的"问题少女"，更严重的则会出现自残自杀行为。

父母要注意培养女孩的信心和爱心，与孩子建立平等的关系，而不是用家长的身份去压制她们。孩子得到父母的尊重，自然而然地也会去尊重别人。如果父母用暴力的方式处理孩子犯的错误，从而引起孩子的抵触，这样不但不能解决问题，还会使问题更加严重。此时，沟通才是应该采取的正确方式。

父母对于女儿抑郁的情绪应该予以重视，当孩子心情低落的时候，要帮助孩子正确地释放情绪。另外，父母还应该教孩子一些可以宣泄情绪的小窍门，例如让孩子大哭一场，或者主动向人倾诉。让孩子学会通过合理的方式缓解自己的情绪。

父母应该尽可能地帮助女儿疏导负面情绪。例如，可以让孩子通过喊叫和肢体语言去发泄不满，也可以让孩子打沙袋来宣泄自己的情感，通过这些方式让女儿平静下来。

消除"代沟"

在一个亲子论坛上,一位爸爸说出了自己的教子困惑:

> 女儿进入青春期后,家中逐渐出现了一些不和谐的现象:我不欣赏她的消费观念,反对她玩得疯疯癫癫,更看不惯她长时间在网上聊天……而她对我也不满意,觉得我唠叨、落伍……
>
> 渐渐地,我们父女间的距离越来越远,共同语言越来越少,谈话中的火药味也越来越浓。有一次,当我用自己的童年经历来教育女儿要节俭时,她居然冲我喊:"现在都什么时代了,你还拿这些事来说……"女儿毫不客气的反击惊得我直发颤。我很困惑:我们之间到底出了什么问题?

看到这个例子,也许有的家长会觉得非常熟悉,好像自己也正经历着类似的情况,而且也会像这位爸爸一样不解:我和女儿之间到底出了什么问题? 让我来帮你们解答这个困惑吧,这种现象就是心理学上所说的世代隔阂,套用一句现代语,叫"代沟"。

那么,什么是代沟呢?

生活中,常常听家长这样抱怨青春期的女孩:"哎!现在的孩子真让人操心,总是自以为是,听不进我们大人的话,还不服管教,这可怎么是好?"

女孩们凑到一起,也常常"控诉"自己的父母:"他们常说父母难当,可我们孩子好做吗?他们只知道一个劲地督促我们学习,却从来没问过我们学累了吗?需要休息吗?他们自己'老土',还反对我们追求时尚……"

一边是家长们"长吁",现在的女孩太难管,不听话;一边是女孩们"短叹",父母怎么不理解我们,这种相互之间的不理解就叫代沟。

准确地说,代沟就是两代人不同的世界观、人生观在一些问题上有不同看法的反映,它影响了两代人之间的思想、感情和生活上的交流和沟通。

那么,代沟是怎样产生的呢?这一现象出现的原因有很多,归纳起来,主要分为生理、心理、角色差异三大主要原因。

第一,生理上。

青春期的女孩正处在发育阶段,体力和智力发展迅速,爱幻想、敢创新,但耐力不足;成年人的身心已发展到最高峰,对人生、社会已有全面成熟的认识,态度和观念也已基本定性,缺少变化。

第二,心理上。

处于青春期的女孩,自我意识日益增强,有独立思考的要求,她们易冲动、易受到他人影响,渴望独立、渴望得到成人和社会的承认；反观成年人，他们在心理上已经完全成熟，个性也趋向稳定，对子女寄托的希望不断升高，他们习惯用自己的生活方式和思维方式去要求子女。

第三，角色差异。

作为父母，要承担一定的社会责任，需要履行抚养、教育女儿的义务，他们对女儿有很高的期望值，希望她听话、有出息。而青春期的女孩则处于被教育、被保护的地位，她们的要求很容易被忽视，她们常常把父母的关心看成枷锁。

相信任何一位家长都不希望因为"代沟"而影响到与女儿之间的沟通，那么我们就有必要做各种努力来将"代沟"降到最小。

1. 与时俱进，主动寻找共同语言

代沟有多种定义，但是说穿了，代沟的实质是子女超前，父母滞后。生活中的方方面面，都体现出了这种差异：

青春期的女孩喜欢前卫时尚的打扮，可父母却把这种穿着视为不伦不类；

青春期的女孩烫发、染发，父母却认为这是坏孩子的行径；

青春期的女孩狂热追星，父母却认为其不务正业。

事实上，打扮前卫、追星等都是当下青春期女孩的生活方式，是现代社会发展的产物。然而，家长却还活在过去的社会中，固守着原有的生活模式，所以，在世俗与前卫的摩擦中产生火花成了必然。

要想与青春期的女孩顺畅沟通，家长唯一可做的是，加快自身"与时俱进"的步伐，与女儿同步成长，从而日益缩小横在两者之间的心理鸿沟。

一位曾经苦恼但现在已经"功德圆满"的爸爸讲述了自己的亲身经历：

> 面对"代沟"，我曾唉声叹气过，也曾怨天尤人，但事实证明这些都无济于事，我与孩子之间的心理障碍依然存在。我还几次三番试图把孩子拉回到我的轨道上来，但我的种种努力似乎都付之东流。
>
> 经过认真的观察和分析，我发现其实过错并不都在孩子。比如她不愿吃剩菜，我们认为是不节俭的表现，而她却是从健康方面来考虑；她崇拜明星，我们武断地认为其不务正业，却忽视了明星也可以作为学习的榜样……
>
> 为了使自己能跟上时代，在孩子的心中树立一个新的形象，我主动邀请孩子当电脑老师。在孩子的指导下，我渐渐学会了用电脑写文章、网上聊天。前些日子，我写了一篇题为《走近聊天室》的文章，肯定了网上"聊天室"的正面作用，孩子特地将其转载给同学看，得到了同学的一致好评，有的同学还羡慕孩子有一个"通情达理""能理解孩子"的爸爸。
>
> 我们之间的距离拉近了。

家长如果想和女孩沟通，并产生"共鸣"，不妨学学这位爸爸，与时俱进，当亲子之间有了共同语言后，沟通就会容易得多。与之相反，思想不相通，认同感对不上号，那就像堆积在沙中的杂草，堵塞了交流的通道，真正的沟通也就无法达到，在这样的前提下，和女孩讲道理、谈观点……就会出现碰鼻，甚至发生争执的现象。

2. 平行交谈，增加与女儿共事的机会

"代沟"的形成除了家长落后之外，更为关键的是，家长并没有给女儿和自己提供互相了解的机会。

我问过很多家长这样一个问题："除了吃饭、看电视，你是否还有其他的时间和孩子在一起，在一起主要做什么？"

我们来听听家长们是怎样回答的：

"除了吃饭、看电视，我和女儿很少在一起，因为我有自己的事情要做，女儿也很忙，她不是忙着学习，就是忙着和朋友在一起。"

"即使有时间在一起，我们也是无言以对，所以我们会各自忙各自的事情，谁也不干预谁。"

读者朋友们，也许你们心中也会有自己的答案，但如果你的答案与上述家长类似，那你就应该仔细想一想了，没有为彼此提供沟通的机会，你如何了解女儿？彼此都在各忙各的事情，那什么时候才能进行一次真正的沟通？

家长没有给女孩提供沟通的机会，亲子之间缺乏沟通，"代沟"就会在自然而然中形成。所以，在生活中，家长再忙，也要试着去了解孩子，并给予孩子了解自己的机会。

很多家长提出了这样一个问题："我也想跟女儿沟通，可是她好像总是躲着我们，这怎么沟通呀？"是的，女孩进入青春期之后，她们不再像小时候那样一刻不离地待在父母的身边，甚至会出现因不愿意和父母在一起，而故意躲着父母的情况。遇到这种情况，父母们不要着急，我有一个好方法——

"平行交谈"法。

这种方法是美国心理治疗师罗恩·塔菲尔在《用心去教养》一书中提出的，父母与子女一边一起做些普通活动，一边交谈，重点放在活动上，而不是谈话的内容上，双方也不必互相看着对方。

事实上，让青春期的女孩坐下来认真交谈，她们会感觉很不自然，而这种非面对面的谈话方式却会让父母和孩子都感到轻松自在，这是父母与青春期女孩之间进行思想、感情交流的一种好方法。

进入青春期的女孩，她们的情绪和身体都进入收缩与回避期，这时家长用"平行交流"的方式跟她们谈话，比如，一起吃晚餐、做家务、看电影、去书店选书……边做边聊，往往能引起孩子强烈的回应，还能成为她们最美好的回忆。

但需要家长们注意的是，谈话时不要停止活动，更不要面对面看着孩子，谈话内容最好是如何学会求知、如何学会做事、如何学会做人等方面的内容。

不要当爱抱怨的女孩

如果不说痛苦的事情,人的内心就会是快乐的。每个人的大脑都在时刻运转着,如果负面的想法没有存在的地方,大脑就会有更多的快乐想法。

有时,人的一些困难经历,也是生活给予的特殊礼物。这些困难经历可以让人学会坚强,可以更深刻地感受生活。

不抱怨,生活就是快乐的;不相互指责,家庭就是和谐的;不埋怨,事业就是成功的;不挑剔人,工作环境也是美好的;不怨恨朋友,友情是真诚的。

不抱怨与漠视错误是两回事。指出缺点、错误并帮助改正,这不是抱怨。我们不能出于不抱怨的想法,就包容不好的行为。在饭店里,你说:"我的汤需要加热一下。"这是正确表达自己的需求。而"为什么给我的是冷汤?"这就是抱怨了。

假如一个女孩只知道抱怨,即使她再漂亮,都不会让人喜欢。抱怨多了就会让女孩变得消沉,她就会觉得生活一点也不幸福。谁也不愿意接近她,这会严重影响她未来的生活。

英国人说:小羊叫一次,就等于它少吃一口草。人的抱怨越多，消极想法越多，就会直接影响人的身心健康，同时也难以远离让你痛苦的敌人。

实际情况下，许多事情并没有想象的那么坏，养成抱怨的习惯后就不容易克服。因此，家长要特别关心孩子的表现，一旦孩子出现了负面的情绪，要及时指正。引导孩子分析事情是不是真的那么糟糕？除了抱怨，有没有其他应对的办法？这样，消极情绪慢慢减退，积极情绪逐渐建立，最后就使孩子具有了好的习惯。

作为父母要时刻注意，在抱怨时，你的孩子也在看着你。如果父母生活态度积极乐观，很少对事情抱怨，那么孩子长大以后心态也会健康。因此，当我们在教育孩子的同时，也要问问自己是不是抱怨得有点多了！

反省与进步紧密相连

曾子有过这样一句话:"吾日三省吾身。"经常反思自己,才会发现自己的不足之处。认识到自己的缺点,才能及时改正,进而完善自己。

可可很喜欢金鱼,她经常背着爸爸妈妈把金鱼拿出来玩。爸爸妈妈发现后对她进行了教育,可是可可不听爸爸妈妈的话,仍是我行我素。爸爸妈妈决定让她认识到错误。一段时间后,金鱼一个一个都死掉了,爸爸妈妈没有再买新的金鱼,而是问可可:"你想知道原因在哪里吗?"可可想了想,说道:"是我把金鱼捞出来给弄死了。爸爸妈妈你们去买吧,我以后再也不那样做了。"

爸爸妈妈看到孩子认识到了自己的错误,就满足了可可的请求。以后,可可再也不捞鱼玩了,家里来了小朋友做客,想要捞鱼玩时,可可还会给他们讲金鱼也是小生命,要爱护它们。这让爸妈都很高兴。

还有个故事:

老师来思思家里家访，原因是思思在课堂上的表现不好。思思妈妈说可能是思思晚上玩游戏玩得太晚了，影响了上课。

老师走后妈妈没有严厉批评思思，而是搬走电脑，并且还扣了思思一个月的零花钱。思思虽然不高兴，但她知道自己错了，也愿意接受妈妈的处罚。

慢慢地，思思开始自觉控制玩电脑的时间，学习成绩也上去了。

父母要告诉孩子，要对自己犯下的错误负责。有的孩子弄坏了别人的玩具，父母亲自出钱让孩子再给别人买一个；有的孩子打架伤了别的孩子，父母主动拿钱补偿，这么做只会让孩子形成逃避责任的心理。

父母不能任何事都护着孩子，孩子犯了错，要让孩子自己找出原因在哪里，承担责任，同时，父母也应该给孩子辩解的机会，但不是教孩子推卸责任。

让孩子知道做伤害他人的事情是错误的行为，要为此感到惭愧和内疚，这么做有利于孩子进行自我反省。

家长应该从正反两个方面教育孩子进行反思。即在生活中既要教育孩子正直、善良、勇敢，也要让孩子知道什么是内疚、羞愧等，使孩子在自我反思中，逐渐明确好坏、善恶、对错，真正更正自己的错误。

帮助孩子学习如何总结，实际上就是帮助孩子进行反省。孩子把小朋友最喜欢的玩具弄坏了，小朋友很生气，就不和他玩了，孩子想："要是他玩坏了我的玩具，我会如何？"这时，她其实已经知道自省了。

还有，孩子考试取得了好成绩，她也会总结经验，把好的学习习惯保持下去，取得更好的成绩；如果考试没有取得理想的成绩，被老师批评，她也会首先思考自己的错误，然后思考怎样去改变。

孩子将结果和过程一起反思时，下一次做事的时候就会先考虑后果，会预先想象一下后果，如果事情的结果和自己想象的不一样，她就会审视自己的行为，从而改变自己的行为。这时，家长不要过多地干涉孩子。

有些家长总是帮女孩总结，这等于加入了成年人的主观观点，不让孩子去反省、去思考问题，这是不好的。父母最好是引导孩子自己反思。孩子自己思考的结果，才能让她真正认识到自己的不足。

父母不能只知道批评孩子的错误，要避免孩子产生逆反心理和抵触情绪。那样很容易让孩子不高兴，使孩子形成叛逆的性格。因此，父母一定要冷静，从侧面入手让孩子认识错误所在，帮助孩子明白是非对错。批评时，不能过度，要有所保留，不可以无中生有，要让孩子逐渐学会反思。

勇于接受批评

女孩到了青春期就显得比以前任何时候都要敏感和脆弱，往往表现为经不起父母的批评。于是，很多家长考虑到青春期女孩的特殊心理倾向，就越来越注意批评教育的方式方法，但也因此出现了另一些情况：家长们总是尽可能多地说孩子的"优点"。而表扬听得太多，孩子再听批评就会变得很难。

处于青春期的女孩天生就不服管，甚至故意和父母作对。如果妈妈没有认识到这一点，在批评孩子的时候，采取的方式过于简单和粗暴，就很容易伤害青春期女孩的心灵，结果只能让她对批评产生厌烦和恐惧，最后变得更加逆反。很多青春期女孩因此变得桀骜不驯，蛮不讲理。在学校也是这样，一旦有人批评她，就会奋起反抗，甚至摔门而去。

处于青春期的女孩，年龄小，判断是非的能力不强，自制力也比较差，经常会犯这样那样的错误。发现女孩犯错后，如果不问青红皂白就对孩子横加指责，甚至暴跳如雷，大打出手，这种做法肯定是不可取的；而对孩子一味地姑息迁就、听之任之，对女孩的成长也是非常有害的。

一个经不住批评的女孩，将来很难适应社会的发展，更谈不上什么大有作为了。若要女孩能够承受得住批评，就要掌握一定的批评技巧。因为在女孩的成长过程中，犯错会伴随孩子整个成长历程。对于拒绝批评的青春期女孩，需要掌握批评的技巧，这是做母亲的搞好母女关系必修的一大课程。

1. 不要在公众场合批评

如果在公共场所，当着同学或朋友的面、当着众多亲友的面批评她，会让青春期女孩感觉很没面子，会打击她的自信心和自尊心。还可能让她对妈妈心怀不满甚至心生怨恨，影响母女之间的感情。

但是在孩子犯错的时候，或者说屡次犯错的情况下，妈妈难免心烦意乱，情绪波动比较大，很可能在一时冲动之下对孩子说出不该说的话，或者做出不该做的举动。这都可能对自己和孩子产生极为不良的影响，有时甚至因此而酿成大错。为了避免出现严重的后果，所以在不确定女孩用意的时候，妈妈一定要强迫自己冷静下来。只有冷静，才能给女孩所犯的错误一个客观公正的评判，才能有利于问题的解决，才能帮助女孩找出犯错的原因和改正错误的方法。

2. 给女儿辩解的机会

任何事情都是有原因的，在女孩犯了错以后，做妈妈的一定要允许孩子为自己辩护，听听她是怎么犯的错，也就是要给孩子一个辩解的机会。导致青春期女孩犯错的原因很多，有女孩主观方面的失误，也有可能是不以女孩的意志为转移的客观原因。从主观方面来说，有可能是有意为之，也有可能是女孩无心之失；有可能是女孩的态度问题，也有可能是能力不足导致。所以，当孩子犯错后，不要剥夺她说话的权利，要给孩子一个申诉的机会，让女孩把自己想说的话和盘托出。在知道了女孩为什么犯错之后，再酌情处罚她也为时不晚。

3. 从自己身上找错

有个妈妈说过一句话：要想孩子不犯错，你在孩子犯错的时候一定要先看看自己有没有错。这句话很有道理，任何一个孩子犯错，父母或多或少都会有一定的责任。在青春期女孩犯错的时候，你可以先来一番自我批评，"这事也不全怪你，妈妈也有责任""只怪爸爸平时工作太忙，对你不够关心"。诸如此类的话，会让父母和孩子的心理距离一下子拉得很近。这时候，被爱融化的女孩和妈妈就会更加容易沟通。你再批评她，她也能够接受，甚至通过这些事情还可以培养孩子勇于承担责任、勇于自我批评的良好品质。

4. 用爱来感化女儿

处于青春期的孩子，男孩和女孩还是有一定区别的。女孩再叛逆，也对妈妈有着很深的爱。她之所以表现如此，是因为她觉得妈妈可能因为她犯了错就不爱她了。当她知道了妈妈对她的爱有多深之后，她就会用百倍的爱来回报妈妈。对于青春期女孩来说，爱就是一切，就是让她正确行事的唯一理由。所以，批评女儿最重要的一点，就是要在批评之后，告诉女儿：妈妈依然是爱着你的。

对于那些拒绝批评的女孩，就要讲求方法和技巧，每个做父母的都应该努力去学习、去探讨这门艺术，好让自己对孩子的批评能有的放矢、行之有效。同时，还能在批评教育女孩的过程中，增进母女感情。

◇ 改变孩子爱抱怨的习惯 ◇

你怎么回来这么晚？我和你爸等了你好久，这下子我们只能吃凉了的晚餐了。

都怪芸芸，要不是她放学时问我问题，我又不好意思拒绝，怎么会回来得这么晚呢。

楠楠，热心助人是值得赞扬的品德，但你要戒掉爱抱怨的习惯，抱怨会让你充满了负能量。

你也是，不要在孩子面前抱怨，抱怨不会改变任何结果，还会破坏家庭氛围。

抱怨会让女孩变得消沉，任何人都不想和爱抱怨的人做朋友。所以父母要有意识地引导女儿，及时制止孩子抱怨的话，帮助她们改掉坏习惯。重要的是，父母自己也要做到不在孩子面前抱怨。

高情商家教思维

1. 母女间的关系会在女孩成长的不同阶段发生怎样的变化？

2. 父母该怎样帮助女孩疏导负面情绪？

3. 家长该如何培养与女孩间的共同话题？

4. 造成家长与女孩间"代沟"的可能原因有哪些？

5. 抽个时间和女儿谈一谈，她对家长的日常行为有何建议？其中哪些建议是可取的？

6. 女儿相对比较顺从父母，但如果她对父母的批评抱有很大的抵触情绪，该怎么办？

第五章 做有人缘的女孩

引导女儿广交朋友

有的女孩内向、任性，喜欢独来独往，从来不考虑周围的人。这样的女孩长大后也很难和人相处，不能适应社会生活。因此，父母应该引导孩子广交朋友。

如果女孩在成长的过程中有几个无话不说的好朋友，那么对女孩的健康成长、良好性格的养成有非常重要的作用。成长过程中，孩子总会遇到各种各样的困难，而有些困难又不想和父母说。此时身边出现几个知心的好朋友，就会是很难得的事情。因此，父母应该教育女儿多认识一些朋友。

1. 让女儿多参与集体活动

女孩和同龄人平等相处，可以帮助她改变孤僻的个性。有的父母担心孩子受欺负，不提倡女儿主动与别人交朋友，这样好像是爱护孩子，其实是让女儿失去了开展人际交往的机会，不利于女儿建立正常朋友关系。因此，让孩子参加集体活动，她们才会收获更多的好朋友。

2. 父母以身作则

父母在女儿结识朋友时，要帮助她正确认识怎样交朋友。特别是对腼腆的女孩，父母的做法具有很强的榜样作用，如果父母不会交朋友，就会影响女儿。只有父母积极交朋友，女儿才能学会交朋友的方法和技巧。另外，家长应该注意自己与别人交往的方式。如，待人接物有礼貌，在购物、办事中积极、热情，这能帮助女儿了解如何与人交往。此外，父母要告诉孩子，朋友之间是互相帮助的，引导女儿学会站在对方立场上看问题。

3. 鼓励女儿多交朋友

父母要帮助女儿多结交朋友，结识一些个性不一样的朋友。比如，如果女儿粗心就多找细心的朋友，如果女儿内向就多找外向的朋友，形成性格互补。当女儿结识异性朋友时，父母不要大惊小怪，正常范围内的异性朋友可以帮助女儿形成正确的人生观。女儿在交往朋友的过程中，父母应主动参与，引导她请朋友到自己家里做客，创造有利于女儿交往的良好环境。父母应该支持女儿参加集体性质的活动，广泛结识朋友。

4. 教育孩子礼貌交往

父母要从小培养女儿讲礼貌、懂礼仪，比如，见面的时候应该主动问好，和对方谈话要看着对方眼睛，语气要温和等。

5. 培养女儿的爱心

父母要引导孩子多关心身边的人。如果小伙伴生病，及时带着女儿去家中探望，送束鲜花进行安慰，这可以帮助女儿收获更多的友谊。

女孩的社会交往能力是在和周围人群的交往过程中一点一点获得的，这时父母的表现很重要。父母要通过身体力行，让女孩理解交朋友的重要意义，在女孩的成长过程中，慢慢建立起稳定的人际关系网，保证她有一个良好的心理状态。

告诉女儿，用心经营才能收获友谊

随着女孩的成长，朋友已经超出了玩伴的狭小概念。在谈得来的基础上，能够互相帮助、共同学习，对同一事物具有一致的看法，才能进一步发展出友谊。但是，一份真心的友谊是可遇不可求的，也不可能随意就能获得。真正的友谊，需要精心培养。

对有的女孩来讲，她们不能全面和真正认识友谊的内涵，在与朋友相处时，无意识的一句话、一个动作，很可能就会伤害一段本来很密切的友情。因此，父母有责任帮助她去保持这份友谊，让她们从友谊中收获快乐。如何做呢？

一是帮助女儿获得友谊，让女儿知道友谊的重要意义。父母可以向她推荐一些名人故事，如通过历史上"俞伯牙和钟子期"的故事，让她知道朋友对自己的重要意义，产生交朋友的愿望。当然，女孩只有自己产生想交朋友的主动想法时，才会珍惜友谊。

二是教育女儿对朋友要付出，因为友谊的维护要靠双方共同努力，不能只想着一方面的付出。要告知孩子，不要总是要求朋友如何做，当别人对你好时，你也要对别人好，别人对你付出真诚和赠送礼物时，你也要学会付出，知道站在对方的立场上考虑问题，当朋友需要关心和帮助时，也要及时付出。让女儿知道礼尚往来的重要性，比如，孩子收到朋友礼物时，也要知道回赠，此时父母可以帮助女儿选择合适的礼物，这样，不仅能增进孩子与朋友的关系，还可以帮女儿加固她们的友谊。

三是帮助女儿形成正确的价值观念。父母要教育孩子，友谊没有高低贵贱之分，友谊是两个人内心与内心的交流。父母要引导孩子不要以身份等外在因素来划分交友界线，而应该考虑两个人是不是具有一致的世界观和人生观。

四是教育女儿有礼貌，真诚待人。无论是小孩子还是成年人，懂礼貌、相互尊重是人与人交往的基础，无论朋友之间的关系有多么牢固，也要礼貌交往，彼此尊重，平等相待，友谊才能长久。

学会倾听，会更受欢迎

在人际交往中，不仅要表达自己，也要学会倾听别人的讲话。原因在于每个人都有表达自己的想法，谁会喜欢一个只会自己说而没有耐心听和不让别人说话的人呢，并且听别人讲话也是了解别人的一个有效途径，学会倾听会更好地促进人际交往。

在生活中，一些女孩子知道如何表达自己的想法，但是却不会倾听别人的想法，让对方感受不到交往的真诚。还有一些女孩在听别人讲话时不认真，边听边做自己的事，心不在焉，这会严重伤害别人的自尊。而说话的人感受到自己不被尊重，就不会再继续讲，更不会说出真心话，双方的谈话达不到预期的目的，就会影响双方关系。有些女孩，甚至不愿意听别人对她的建议。

有些家长注重培养女儿的语言表达能力，却忘记了教会女儿听别人说话。听别人讲话时要集中注意力，在合适的机会给出自己的看法和建议。假如女孩不注意听他人讲话，只知道表现自己或让别人注意自己的谈话内容，那么她就不能了解别人，也无法与别人正常交流。

其实，倾听的习惯不是与生俱来的，它受环境的影响。家长不仅要教会孩子说话，而且也要让她知道如何听别人说话。

1. 成为倾听的样板

如果父母要教会女儿倾听，首先要言传身教。生活中，有些家长连女儿的心里话都不仔细倾听，又如何能影响女儿养成倾听别人说话的习惯呢？父母认真倾听女儿的心里话，不仅是了解女儿内心想法的好机会，也是培养女儿学会倾听的好方法。比如女儿和父母进行谈话的时候，父母要面对她，专心听孩子说话。如果父母能演好听众的角色，那么女儿也会很快养成倾听的习惯。

2. 让女儿重复父母说的话

重复大人讲过的话，不仅能锻炼女儿的表达能力，还可以发现女儿是不是真正听懂了你说的话，对你说的话是否用心去听了。这是一个培养女儿倾听习惯的好办法。在学会倾听的过程中，不仅使女孩知道这是对别人的尊重，而且也可以让她发现倾听别人讲话是获取信息的好办法。

3. 培养女儿掌握倾听的技能

父母在与女儿交流时，可以先提出一些条件，比如在她倾听时要问她问题。坚持下去，孩子就能够控制自己，懂得和别人交谈时要认真倾听。而且，女孩也会知道不仅要专心听别人讲话，还要理解别人话语的真正含义。在听的过程中，教育女孩开动脑筋，让她与自己以往的做法进行比较，找到自己的不同点，而且要找出为什么会存在不同。告诉她不能随意打断别人没讲完的话，只有如此才能让女儿学会倾听的技巧。

培养女儿的安全意识

如今的很多女孩子都没有很强的自我安全意识，经常会看到在深夜的大街上有女孩独自行走，虽然现在治安比较好，但是一个人走在深夜的街上，还是非常不安全的，因为还是有很多不法分子伺机作案。

父母应该从小就培养孩子的安全意识，可以从以下几个方面教育女儿：

1. 树立正确的是非观

从小培养女儿明辨是非的能力，培养她抵御不良环境影响的能力。让女儿时刻牢记自我保护意识，不要轻信陌生人，不要随便接受陌生人的馈赠等。

2. 女儿的人身安全不可忽视

对于尚在上小学的女孩子，家长有必要每天接送。如果实在没时间接送就告诉她上下学一定要走大路。如果非要经过小路不可，也应该和伙伴们一起走，不要外露身上的现金和贵重物品。

3. 给女儿灌输一些正确的性知识

向她们传输一些科学的性方面的相关知识，让女儿更懂得保护自己。比如告诉女儿凡是我们的游泳衣掩盖之处都是要自我保护的隐私部位。除了父母和医生护士谁也不能看，如果有人强迫，就必须反抗并求救。

4. 应该把安全知识渗透到生活中，防患于未然

如果出现附近有犯罪分子的报道，如行骗、抢劫，家长可以利用电视节目对女儿进行教育：不要轻易相信陌生人的话，不要把家庭地址告诉陌生人。假如有人说要带女儿去玩，一定不能跟他们走。

5. 让女儿尽可能多地掌握各种生存技能

安全意识不单单是一些书面上的知识，更多的是实际的技能。我们不能让女儿由于"无知"而出现意外，更不能让她在遇到危险时不知道该怎么办。所以一定要把安全意识彻底灌输进她的脑海里。多教她一些生存技能，在日常生活中逐渐培养她独立的判断力。

家长可以通过逃生和救助技能演习，让孩子懂得怎么应付一些突发状况，如遇到迷路、地震、火灾以后该怎么办。在外出的时候可以教她们认识一些常见的安全标志，让她们知道标志的意义，并按标志指示行事。这不仅能培养女儿的安全意识，还能让她更好地在社会上生存。

培养女儿的安全意识，重要的是在生活细节中进行渗透教育，让她在健康安全的环境下成长。

让女儿学会与人分享

人们常说，当你把痛苦和别人分享，那么你的痛苦就会减去一半，而当你把快乐和别人分享，你的快乐就会加倍。所以，父母应该鼓励孩子跟别人分享快乐的行为。

一位妈妈在日记中苦恼地写道：

> 一天，上小学一年级的女儿大哭着回到家，一见到我们，觉得委屈，就哭得更厉害了。这让一向过度疼爱女儿的丈夫很紧张，还以为女儿发生了什么大事。
>
> 等女儿情绪平稳之后，她就对我们说出了原因："今天在学校的时候，同学们都取笑我，'小气鬼，喝凉水，喝完凉水变魔鬼'，我讨厌他们，我不想去学校了。"原来是同学们的恶作剧让女儿的自尊受到了伤害，一向娇气的她受不了这个委屈。
>
> 后来，我跟女儿的几个同学聊过之后才知道，女儿在学校和大家一起玩的时候，总是有些霸道，不愿意跟大家分享自己的东西，所以大家都不喜欢和她一起玩，还有几个调皮的孩子说她是"小气鬼"。
>
> 女儿在学校里因为交不到朋友而显得有些孤独，有

好几次我们都鼓励她跟同学一起看自己的童话书,但女儿总是噘着嘴说:"我不,这是我的东西,我才不要让别人看呢!"我该如何解决女儿的问题呢?

大概许多父母都会对这个母亲的苦恼产生共鸣,为什么我们的女儿变得自私,不愿和他人分享自己的东西呢? 一般来说,女孩的这种行为主要受到以下两个因素的影响:一是孩子得到的宠爱过多,二是父母独断专行的个性影响了她们。

因此,家长必须注意刚才所说的两个因素,假如你有这些因素,那就要好好反思自己的教育方式了。 我们一定要教会女孩慷慨待人,因为只有懂得分享的女孩,才能够结交更多好友,才更容易得到大家的欢迎与赞赏,也更易得到他人的帮助;同时更要教会女孩懂得感恩、珍惜,拥有一份快乐、积极的心态。

1. 父母要真心实意地与女儿分享

在实际生活中,当女儿对自己的东西表现出强烈地想跟父母分享的意愿时,父母不要推辞,要乐于倾听。 否则就会伤害孩子的内心,时间长了以后,她们就会变得不愿分享。

所以,作为父母,在教导女儿学会分享的时候,也不要忘了自己要先坦率地与女儿分享。 这一方面我们可以向哈佛女孩刘亦婷的母亲学习。 哈佛女孩刘亦婷的事迹被中国许多孩子仿效和学习,她父母的教育方式更是成为很多父母学习和借鉴的宝典。

哈佛女孩刘亦婷的母亲刘卫华女士在讲述关于教育女儿的方法时提到,在开发女儿智力的同时,更注重她的品德修养，尤其是在教女儿学习"分享"时，是下了许多工夫的。

在刘亦婷很小的时候，刘妈妈每次给她吃水果或者其他食品时，都会告诉她要懂得跟别人一起分享。当时，由于家庭条件的限制，每次给女儿买水果或其他营养品时，刘妈妈和刘爸爸都要节衣缩食。虽然很多时候爸爸妈妈不舍得吃，但为了让女儿学会与他人分享，父母每次都会吃一点点，而不像有的父母那样假装咬一口。

2. 教女儿分享时，一定要注意细节

孩子很容易受到父母直接而持久的影响，但很多父母并不重视这一点，认为女儿察言观色的本事并没有那么强，也就误用了教育孩子的方式。

例如让孩子在一盘有大有小的苹果果盘中选择时，女儿会选择那个最小块的，因为女儿知道接下来妈妈会把大苹果给她作为奖赏，还会表扬她做得好，是个好孩子。小女孩为什么会这样"虚伪"呢？

因为有一次，女儿选择那个大块的苹果时，妈妈就指责她自私，而当她选择那些小的苹果时，妈妈不仅表扬了她，还给了她大苹果作为奖励。所以，从那之后，只要她想得到自己想要的东西，就会用这种方法。

这位妈妈的出发点是好的，但由于方法不当，使得小女孩失去了天真童趣变得虚伪、爱撒谎。因此，父母在教育女儿学会分享时，生活细节是应当注意的部分。

3. 用交换法让女儿学会分享

一位妈妈有这样的育女经验：

我有两个女儿，一个8岁，一个10岁。两个小姐妹有时相安无事，有时也会为一个布娃娃而争吵。后来，我就买了一个定时器来规定孩子的玩乐时间。每当两个小丫头一起玩的时候，我总是为她们设计相同的时间，时间一到，其中一个必须把娃娃交到另一个人手中。

就这样，两个女儿都学会了在属于自己的时间里玩，而且她知道时间一到，自己就不应该再霸占着玩具。因为，我在之前给她们规定：只要其中一个人违反了规则，就要把玩具送给另一个遵守规矩的人。

另一位睿智的妈妈也采用了交换法，以此来培养孩子分享的精神。

我只有一个女儿，我希望她能快乐成长，并且乐于助人、知道分享。每次我给女儿买了她喜欢的玩具、童话书的时候，总会鼓励她带到学校去，并且让女儿与其他同学进行交换。平时，我总是这样对女儿说："女儿，把你的东西借给别人，然后再向别人借他们的玩具和故事书，这样我们花很少的钱就可以玩很多的玩具、看很多的故事书和漫画书了。你说妈妈说得对不对？"女儿表示赞同，并且渐渐理解了分享的真正意义。现在，她已经是名初中生了，更乐意跟同学分享自己喜欢的东西了，她在与同学的相互交换中无形地增进了同学间的亲密友谊，她的许多好朋友就是这样得来的。

◇ 告诉孩子分享的重要性 ◇

> 你看起来很不开心,在学校发生了什么事吗?

> 今天我在玩旋转木马的时候,玲玲也想玩,但因为我玩得正开心,就没有让给她,还推了她一下,所以她就不理我了。

> 那你给她道歉了吗?

> 我看她态度不好就没敢去道歉。

> 推别人是不对的,你明天应该先去道歉。分享是美德,大家一起玩才最开心。

　　父母应该告诉女孩,友情需要用心经营,分享和尊重是人际关系的基础。友谊的维护需要双方的共同努力,家里的"小公主"在外也需要与人平等相待。

高情商家教思维

1. 如果女儿喜欢独来独往,该如何引导她们广交朋友?
   _____
   _____

2. 在女孩结交朋友方面,父母可以起到怎样的榜样作用?
   _____
   _____

3. 你希望女儿结交怎样的朋友? 又希望这些朋友为她带来怎样的改变?
   _____
   _____
   _____

4. 你有哪些经营友谊的好方法可以传授给女儿?
   _____
   _____

5. 如何帮助女孩养成认真倾听别人说话的好习惯?
   _____
   _____

6. 如何培养女孩的安全意识?
   _____
   _____
   _____

第六章

让女孩学会自立

让孩子的自我价值得到强化

女孩感性,外界环境很容易影响她们的情绪和行为,之前可能还是很高兴的样子,可能一分钟后就会因为别人的冷嘲热讽而让她们的信心丧失殆尽。身为家长,要教育孩子正确地认识自我,让她们的自我价值得到强化。

一个人经过长时间的寻找,终于在非洲的热带雨林中找到了一种高10多米的树木。这种树木十分珍贵,非洲也仅有一两棵。假如砍下这棵树,树皮腐烂后,就可以散发出一种浓郁无比的香气。假如放入水中,树会沉入水底,而不像别的木头那样浮起来。

这是世界上最珍贵的树木,叫作"沉香"。

年轻人将沉香运到市场上去卖。因为贵重,很少人买得起,而那些买得起的也不敢买,所以,他的生意很不好,几乎没有人来问价。可旁边卖木炭的生意却很好。年轻人把沉香烧成炭再运回市场,标上普通木炭的价格。这次,他的生意很好,这些"木炭"很快就卖完了。

年轻人觉得自己做了一件很聪明的事情,便把这件事情告诉了他的父亲。父亲听后，因儿子的愚蠢而伤心落泪。沉香的价值贵重，只要拿一点点来磨成粉后出售，就相当于卖一年木炭所得的收入，而沉香烧成炭，它的价值就完全消失了。

有的人太重视外在的环境，常常因为一些外在因素就否定自我。试着想一下，假如一个人连自己都不认可自己，又如何能让别人认可你的价值。有位哲人曾说："每个人的价值都是独一无二的。别人的态度不能决定我们的价值，我们的价值也不会因为挫折而降低，更不会因为别人的践踏、侮辱和诋毁而消失。"

在一次演讲会上，演说家举起一张10美元的钞票，对所有的听众说："谁想要这10美元？"

很多人都举起了手。

"你们其中的一位可以获得这张钞票，可是，我要做一件事。"说着便把钞票揉成了一团，接着问："还有人想要这张钞票吗？"

依然有人举起了手。

"如果我这样做呢？"演说家把钞票扔到地上，用脚踩了踩，然后才捡起来。

"那现在呢？"

仍然有人举起了手。

"来宾们，我们已经一起完成了一次极有意义的测验。不管那张钞票如何改变，还是有人愿意要，因为它的价值并没有改变。

人的一生，会遇到很多挫折。我们会在挫折时怀疑自己的价值，但是不管发生了什么，我们的价值是永远不会丧失的。就像这张钞票一样，不论干净还是不干净，价值都不会改变。"

让孩子正确认识自己，让她知道别人的评价和态度并不能随意改变我们的价值。不管别人的态度怎样，都不会对自己的价值产生任何影响，只要可以做对社会有益的事情，自己的才华就能充分施展，自己的价值也会得到体现。

奥格·曼狄诺在他《世界上最伟大的推销员》一书中写到，这个世界中，每个人的价值都是独一无二的，每个人的出生都有意义，这样的观点能帮助我们更好地建立自尊与自信。

我是自然界独一无二的。

我跟所有人都不一样，我身上的各个器官都是与众不同的。和我的言谈举止完全一样的人从前没有，如今没有，将来也不会有。我就是独一无二的。

我是自然界独一无二的。

我不是那么容易满足，我心里追求上进的火焰不断燃烧，它鼓励着我，我要让火燃烧得更旺，让我的出类拔萃被全世界知道。

我的能力无人能模仿。这些都是让我成功、发展个性的资本。

我是自然界独一无二的。

我要展现自己的特点。我要学习他人的优点，强调自己的长处，发挥自己的价值。

我是自然界独一无二的。

稀少的事物最珍贵。我的身价因为我的独特而不断增加。我是千万年进化的产物，我的身体和头脑都是极为优秀的。

可是，假如我的能力，没有被充分地利用，那它们就会随着时间的流逝而消失。我有无穷无尽的潜力，只要稍稍开发我的体能与脑力，我就可以创造出伟大的成就。

家长要让孩子知道，要坚持自己的个性，坚定自己的立场与想法，因为人的一生要做很多事情，做自己才是最重要的。

假如一个人没有自信，她的长处和优势就很难被看到，甚至会自己否定自己。家长可以从一些小事中，让孩子充分体会成功的喜悦，例如让孩子帮助自己做一些比较简单的事情、多给他人提供帮助，并鼓励孩子坚持下去。

还有，让孩子学会接受自己——这包括接受自己的优点与缺点，引导孩子树立积极的生活心态。当孩子的观点和别人不一致的时候，要告诉她，自己的选择不要受别人的影响，拥有自己的特点和个性才最有魅力。

培养女孩的自主能力

富兰克林说："人类一生的工作，精巧还是粗劣，都由他每一个习惯所养成。"女孩总有一天是要自立于社会，自立于人生的，如果能从小培养孩子自己的事情自己做，自己的东西自己管，自己的生活自己安排的自我管理习惯，就能增强孩子行动的独立性、目的性和计划性，这对于女孩今后生活的幸福和成功无疑是有巨大的帮助的。

不管做妈妈的如何难以割舍，女孩总是要长大要独立的。为了孩子顺利地走向社会，千万不要让妈妈的百般呵护，抑制住了孩子的发展。

1. 跌倒了，让她自己爬起来

说起跌倒了的故事，似乎有些老生常谈了，但这确实是一个考验中国妈妈的严峻问题。在西方国家，孩子玩耍时，母亲一般都不紧盯着。孩子摔倒了，她们往往只在远处注视，叫孩子自己爬起来继续玩，孩子也很少哭。而我们在国内常见的情况是，孩子玩时，父母亲常常是死盯在孩子后面，大声地喊叫："别跑！当心摔着！""别摸，那儿脏！""别走远了，危险！"等等，喊个不停。当孩子不小心被绊倒时，赶快上去抱起来，又拍又哄。孩子本来并没有哭，如此反倒大哭起来。

许多情况下，妈妈的过分照顾、担心和保护成了女孩的沉重负担。特别是许多妈妈，女孩一离开自己的视线，就会想象出各种危险可怕的情景：一会儿在路上让汽车撞了，一会儿游泳给水呛了，总之，一百个不放心。古人说，世上不会有怕女孩摔跤而不让她学走路的妈妈。然而，现在真有不少因噎废食的妈妈，因为怕女孩碰着、撞着，怕车祸，怕走失，于是给她设置了许多禁区。老大不小了，还不许单独外出，已经上中学了还不许单独坐公交车，不许自己去公园等。

这种寸步不离的看管与过多的限制，会阻碍女孩身心的健康发展，使其各方面的能力不能随着年龄的增长而得到相应提高，从而使她们内心产生自卑、抑郁。在过度保护中长大的女孩，往往会优柔寡断，胆小怕事，缺乏勇敢面对困难的精神，也缺乏处理实际事务的能力。如果父母为了让自己安心，就做出种种不适当的限制，剥夺女孩一切自由活动的机会。女孩只好常常与收音机、电视机做伴，很少与外界接触，长此以往，容易造成女孩孤僻、懦弱、不合群等性格。

2. 培养女孩的自理能力，从日常生活开始

由于近年社会竞争日益激烈，父母常把自身感觉到的危机感、紧迫感，过早地移到了孩子们身上；因为需要掌握一定特长才能立足社会，父母便一味希望孩子学好功课，掌握知识。这种愿望本来无可指责，但问题是由于父母片面地只重视智力发展，而忽视了全面能力的培养，出现了一批会弹钢琴不会系

鞋带，会背唐诗不会穿衣服的高智低能儿。

一个连生活都不会自理，什么都要依赖别人的人，又怎么可能在竞争社会中立足，并像父母所希望的那样"出人头地"呢？实际上，在父母过度施爱下，这些女孩将成为溺爱的牺牲品，将来走上社会后，会不可避免地到处碰壁。

溺爱会扼杀女孩的自理与自立能力。一位女孩在工作以后曾回忆说："我小时候看到别的小朋友，妈妈在早上总是把洗脸水准备好，还把牙膏挤到牙刷上，都上初中了，妈妈还帮着倒洗脚水，拿擦脚布，可妈妈总让我自己做。当时我可羡慕她们啦！可现在想来，还是妈妈的做法对。我现在起床后，用不了十分钟就可洗漱完毕，穿戴整齐出门，出差时也用不了几分钟，就能把必需的生活用品收拾停当，从不丢三落四。这些使我时常被同事赞扬而更加自信，这与从小就生活自立不无关系。"

3. 给女孩自主的机会

青春期女孩是独立意识觉醒的时期，这一时期的女孩本身是渴望独立自主的，而作为父母，只要明白女孩的这一渴望，给女孩一个自主的机会即可。女孩的独立性在很大程度上取决于自主的能力，自主的目的是成为一个有自己主见的、可以自我调节的、独立的人。努力培养女孩的自主能力，并给女孩一些自主的机会，这样可以充分调动她们自身的积极性。

在发达国家的家庭里，父母都普遍重视从小培养孩子的独立意识和自立能力。之所以如此，是因为发达的市场经济社会要求孩子们必须具备这种能力和精神。有了这种能力，孩子长大后才能自立。

在美国，家庭教育是以培养孩子开拓精神，能够成为自食其力的人为出发点的。 妈妈从女孩小时候就让她们认识劳动的价值。 让孩子自己修理自行车，到外面参加劳动，即使是富家子弟，也要出外谋生。 美国的中学生有句口号：要花钱，自己挣。

在日本，在女孩很小的时候，大人就给她灌输一种思想，不给别人添麻烦，并在生活中注意培养女孩的自理能力和自强精神。 全家人外出旅行，不论多么小的孩子，都无一例外地要背一个小背包。 父母说："这是他们自己的东西，应该自己来背。"上学后，许多学生要在业余时间参加劳动挣钱，就连有钱人家的子弟也不例外，他们在饭店端盘子洗碗，在商店售货，做家庭教师等，挣自己的学费。

一位腿有残疾的女孩在雨中摔倒了，站在身边的母亲泪水在眼眶里打转转，却硬是没有上前扶孩子一把，有人斥责这位母亲太狠心。 这位母亲却说："我可以扶孩子一次，扶孩子一程，但我不能扶孩子一生，最终的路还要孩子自己走。"

青春期女孩在今后要走的路还很长，而父母却不能始终陪伴其左右。 因此，父母应该认识到这一点，然后多给女孩一些独立自主的机会，这样长大的女孩才能变得更加自信和坚强。

让女儿明白，挫折是生活的一部分

有人曾经说："人的生命似洪水在奔流，只有那些险峻的暗礁才能激起澎湃的水花。"挫折在人生中不可避免，所以家长要让孩子学会面对挫折。

伏尔泰曾经说过："生命旅途总是由荆棘一路相伴，我们必须勇敢地踏过去。"挫折永远是生活的一部分，所以，要让女儿知道，失败和挫折都是难免的，坚强是战胜挫折唯一的法宝。

一位父亲在育儿日记中这样写道：

> 女儿从小品学兼优并且一直担任班长。到六年级的时候因为工作能力的问题而意外落选。
>
> 回家以后，女儿很伤心地跟我诉说了事情的经过。这对女儿的打击太大，她甚至都产生了厌学的情绪！
>
> 不管怎样劝她，女儿都把自己关在房间里，不肯出来吃饭或者跟我聊天。

很多女孩都生活在温室中，成长太顺利了，稍微有点小失败，便不能接受。上述那个小女孩，就认为自己应该一直当班长。一旦某天出现落选情况，她就觉得是天大的打击。

既然女孩的成长中必然会经历挫折，那么让她自己解决问题，勇敢走出失败的阴影就是唯一的选择。为了更好地教育她，还要及时舒缓她的不良情绪，提前预测可能会出现的挫折情形，让女儿从小就有敢于面对失败的勇气。

家长可以试试如下方法：故意迟迟不能满足她的物质要求；在她和好朋友吵架的时候，鼓励她去主动和解；当她失败时帮她分析原因，让她吸取经验，总结教训，防止重蹈覆辙，引导她乐观面对各种遭遇。

当然，家长也可以想出很多新的方式：

1. 运用3C的办法来帮助女儿度过困境

美国的儿童心理学家曾经提出过"3C"的抗挫折方案。所谓"3C"是指control（调整），challenge（挑战）和commitment（承诺）。

5岁的朵朵未受邀参加朋友剪剪的生日宴会，她很伤心，还哭了很久。朵朵的妈妈一边隐藏住自己对剪剪妈妈考虑不周的不满，一边试着从其他角度安慰女儿。她跟女儿说：可能因为剪剪家比较小，家里没有那么多小椅子，所以才没有邀请你。"我不确定朵朵是否相信了这番话，但第二天她已经不再伤心，看见被邀请的小朋友也没有生气，还是跟她们亲切如初。"朵朵妈妈说。

其实，上述案例就暗用了"3C"教育模式，即妈妈的劝导

"调整"了朵朵未被邀请的难过心情,而她所得到的"承诺"是:长久的友谊是更重要的。年幼的孩子自然不懂这些科学理论,但可以看到孩子找到了抗挫折的方法。

2. 对女儿的努力予以表扬

美国科学家曾经做过这么一个实验:他选了 400 名小学生,然后告诉这 400 名小学生他们的成绩都不错。他用不同方法表扬孩子的成绩。他和其中一部分孩子们说:"你们真的很聪明,这次考得非常好。"和另一部分孩子们说:"你们确实很努力,所以这次考得非常好。"

过了几天,所有孩子又参加了一次考试,心理专家跟孩子们说:"你们这一次没有上次考得好。"

听到考试结果后,那些并不气馁并且愿意继续接受挑战的人是那些曾因为"很努力"而受到表扬的孩子。对他们来说,这次失败只说明自己"不够努力"。而那些对挑战失去信心的人则是那些因为"很聪明"而受表扬的孩子,对于他们来说,失败就意味着"我不聪明"。

因此,如果你的女儿把一幅拼图完成了,你应该跟她说:"你很努力,祝贺你!"而不应该说:"我知道你最聪明了,一定能拼好。"其实只要改变一下你的表扬方式,女儿就会明白:成功需要通过努力掌握一项本领,而不是炫耀某种天赋。如果她真正明白这点,那么在挫折和困难降临的时候就会更加坦然,也会为继续追求下一次的成功而不断努力。

增强心理承受力

在女孩的挫折教育中，可以说，增强女孩的心理承受能力是非常重要的一环。那么，怎样通过具体事件来培养女孩的心理承受能力呢？

在生活中，对于女孩的一些不合理的要求，要坚决予以拒绝，即使在她因此大哭大闹时亦应置之不理。这是很有用的方法。有时，发现女孩的错误不加以纠正，让她在过程中自己体验错误带来的结果、吸取教训则既可以培养其心理承受能力，又可在不断的错误中积累经验和勇气。事后，应帮助女孩总结教训，提升她的心理承受力。

下面就是一位有经验的爸爸教育女儿时采取的正确做法：

我的女儿夏夏要去近郊的山里参加为期两天的野营。这是她们小学二年级三班组织的，虽说城里已是春光融融，但山里仍然白雪茫茫，气温较低。每个孩子要交65元钱，我给了她100元，头天交了钱后余下35元钱，她全买了鸡腿请小朋友吃了。回到家里，我问她还有没有钱，她说全都花了。我没有说什么，问她要不要帮忙收拾东西，孩子说自己能行。临走时，我发现孩子没有带足够的衣服，也没有带水壶，但我没有说更多的话。夏夏高高兴兴地出发了。两天后回来，我问夏夏玩得开心吗？夏夏说："冷得很，我没带够衣服，一到晚上只好躲在帐篷里待在火旁，其他同学都出去玩雪，我却不敢；水壶也没带，只有喝凉水；其他小朋友都买了零食小吃，就我一个人没有，她们都给我吃，但后来就不好意思接了。"我问："衣服为什么带少了？"夏夏回答说："我想那么近，咋想到会那么冷？"我问她："那水壶是咋回事呢？"女儿说："老师说过的，我一忙就给忘掉了，我想以后再出去，我要开一个单子，收拾完后再检查一遍。"我接着严肃地告诉她："不是爸爸不给你买小吃，我给你的钱你不经爸爸允许就花了，是不对的，那些钱就是爸爸准备给你买零食的，你自己今后知道该怎么做了吧？"夏夏点点头。

要经常启发女儿，给予女儿一些考验，让她在失败与挫折中找到新的成功方法。 在女孩们遭遇挫折时，不应表现出怜悯的态度。 如果对她怜悯，她就认为自己更应怜悯自己。 女孩每一次所经受的受挫事件都是对她的承受力进行培养的绝好机会。 帮助女儿找到原因，正视现实，乐观地挽回损失或弥补过错，不在心理上种下阴影，才能令她更加坚强！

相信女儿："你一定行"

心理学研究结果表明，孩子们的自主意识会随着岁数的增加而增加。孩子们会在大人帮她们穿衣服的时候说"我自己穿"；会在喂她饭的时候说"我自己吃"；会在给她们搬凳子的时候说"我自己搬"。此时，父母不应该阻止她们，应该给予她们学习的机会并且帮助她们完成，提高她们的独立意识。

家长只有表现出对孩子的信任，才能够让她们自立，该信任孩子的时候一定要信任。开始的时候，孩子们做事可能做得不太好，比如她自己要洗衣服，但是洗不干净，你可以在她看不到的时候再洗一遍，但千万不能打击她的积极性。孩子们需要的是指导和帮助，你应该告诉她做好事情的方法，不可一见孩子做不好，就自己动手来做，不让孩子动手学。

父母对孩子的态度应该适时调整。当孩子外出的时候，应该信任孩子，让她们觉得自己已经长大，应该担起一定的责任，不要过分唠叨。家中的事，可以询问并倾听她们的意见，并重视她们的想法，让她们感觉到自己是家里不可或缺的一分子。

对家庭的经济状况和父母的工作情况，女儿应该有一定了解，可以让她们对一些事情发表看法并给出处理的意见，不要老把她当"小孩"，逐步让女儿知道自己在家的地位是重要的。随着她们的成长，要锻炼她们观察周围事物的能力、遇到困难自己解决问题的能力，给她们适当自主权的同时，还要让她们意识到自己对家庭与社会的义务和责任。

许多家长都知道家庭教育是在生活中的随机性教育。也就是说，应该通过生活中的一点一滴来培养女儿适应社会的能力，培养她独立自主的生活习惯。这种教育思想经常被一些家长忽略，或者教育孩子时出现偏差。家长应该结合女儿的成长阶段，做出有针对性的随机性教育。

在女儿出生后的一段时间，家长应该多说"行"，少说"不行"。家长尽心尽力喂养出生不久的女儿时，会产生一些问题：喂饭时，女儿想自己抓饭勺；高兴时，挥动小手，想吃自己的脚丫；再大些，女儿手脚并用爬一爬。这时大人不要阻止她们，不要因为过分担心，就这也不许那也不许。

在这段时间，家长对女儿肯定与否，对女儿一生影响很大。赏识与放手，是在向女儿发出正面的信息，告诉她她能行，让女儿慢慢变得自信；父母过度担心与保护，是在告诉她不行，会使她变得没有自信。所以，这时应该给女儿足够的自由和民主。

父母应该引导女儿在日常生活中充分利用各种感官锻炼她的非智力素质。在女儿"我自己来"的过程中，促进了她的智力发展，培养了她自己解决问题的能力以及她独立的性格，避免她养成依赖性。

培养女孩独立的方法

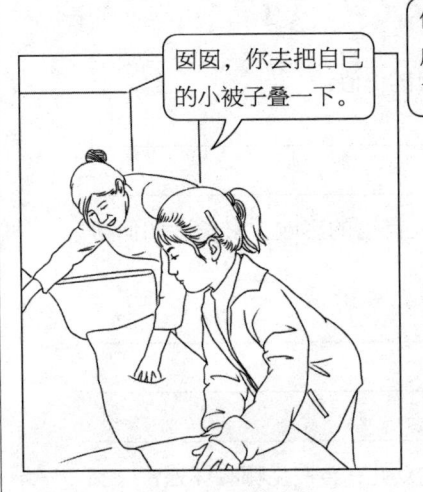

囡囡，你去把自己的小被子叠一下。

▲ 让女孩从身边的小事做起

你第一次洗碗能做成这样已经很好了，妈妈很欣慰。

妈妈对不起，我打碎了一个碗。

▲ 多多鼓励孩子

咱们下周末去敬老院做义工，下下周末一起骑车去郊游，好不好？

▲ 制订计划

宝贝，你觉得你这段时间表现怎么样？下一阶段要怎么改进？

▲ 引导女孩定期反思自己，学会独立思考

高情商家教思维

1. 如何让女儿正确认识自己的价值?

　　_____

　　_____

2. 如果女儿很容易受到他人言语的影响,家长该如何帮助她树立自信?

　　_____

　　_____

3. 如果家长过度保护自己的女儿,会产生哪些坏处?

　　_____

　　_____

4. 如何在日常生活中培养女孩的自理能力?

　　_____

　　_____

5. 想一想,你是否有因溺爱孩子而扼杀她们自理能力的行为?

　　_____

　　_____

6. 父母有哪些方法可以帮助依赖性过强的女儿找到精神寄托?

　　_____

　　_____

第七章

调动女孩的艺术天赋与学习潜能

天赋的征兆有哪些

人的潜能无限大,专家们也不知道一个孩子到底有多少潜能。根据波士顿大学医学院神经学科教授们的研究,人类本身具有六种基本天赋,而通常的智商测验往往忽略了语言和逻辑、数学以外的天赋,比如音乐、空间想象、身体动觉等。专家们认为,天赋包括如下内容:

1. **语言天赋**

从小就可以看出一个女孩是否有语言天赋,有语言天赋的孩子一般都爱讲话,一边玩耍一边自言自语,即使语言颠三倒四;她对短语和电视上出现的单词很敏感;可能还很喜欢讲故事,可能很早就能自己学着读书。

2. **音乐天赋**

有音乐天赋的人迷恋各种声音,诸如汽车鸣笛、键盘打字发出的声响,她都喜欢,她会想去摸钢琴的琴键并呆呆地站着听。别人弹奏或者演唱时她会有所反应,她学唱歌非常快,即使只有伴奏也能把整首歌唱出来。

3. 逻辑、数学天赋

对范畴类型着迷的女孩有数学和逻辑方面的天赋。她可能会问：这些积木有什么相同地方？有什么不同地方？她可能善于下棋，能很快学会抽象的概念或者等量概念（比如一天等于二十四小时）。她的幻想世界会很有规律。

4. 空间想象天赋

有超常想象力的女孩（也叫观察者）往往具有空间想象天赋。比如她能画出一个符合透视原理的立体物体，比如电视机。

5. 身体动觉天赋

让自己动作优美的能力和灵巧地操纵物体的能力都属于身体动觉天赋。有这种天赋的人通常能成为有成就的运动员和舞蹈家，也可能成为工程师。如果你的女儿比较擅长游泳、翻筋斗这些活动，她就很有可能拥有这种天赋。这些女孩通常能很好地完成例如接球、使用各种工具、拆卸和改装计算机这些需要灵活运动神经的任务。

了解自己的天赋是一件困难的事情。"了解自己"天赋的女孩会有较强的生活自理能力，更加懂得制订计划和发挥自己的潜能。这样的女孩对别人的情绪很敏感，她会问："妈妈为什么因为这个难过？"她能够很快地将侦探小说或者电影中的坏人认出来。

总之，女孩往往会有自己的天赋，但是完全具备以上这几种天赋也是不可能的。作为父母，应该发现她们的天赋，而不是因为女孩不擅长某件事情而责备她。

在绘画与音乐艺术中畅想

绘画对女孩的心理和智力发育具有很大的促进作用。绘画需要动用多方面因素（如观察、理解、记忆、想象）同时合作，然后通过手的具体劳作来完成。画画不但可以培养女孩的观察力、理解力、记忆力和想象力，而且也对女孩手脑并用的协调性很有帮助。同时，因为绘画需要很大的创造力，所以它可以培养女孩的创造力。

绘画可以表达女孩的思想感情和内心世界，因此可以促进女孩的表达能力。另外，绘画还可以培养女孩的自信心，因为绘画让女孩敢于大胆落笔，不加怀疑地相信自己的所闻所感。

绘画对女孩的成长还具有以下的促进作用：

（1）绘画是女孩成长的需要。女孩画画的时候，就是用二维的画表达多维的世界，是一种简单的创造。女孩用笔在纸上描绘出痕迹，她不断为此感到惊奇，又不断比较自己画出的痕迹和感受到的形象，并在下一次画的时候改进，一次一次积累把感受画成图画的经验。这种创造的过程对女孩来说是一种趣事。

（2）绘画有利于心理调整。绘画是一个轻松愉快的游戏，可以让女孩心里的感受（生气、高兴、迷惘等）很自然地抒发出来。

绘画主要通过手、脑、眼的配合，用色彩和图案表现一种视觉效果，女孩的视觉感受能力能通过绘画得到锻炼。此外，绘画需要生活中更深层次的感受和经验，因此还会促使女孩增强感知能力，不断通过视觉、味觉、嗅觉等多种感觉来加深对生活的体验。

（3）绘画是孩子除语言之外的另一种表达方式。孩子的内心世界像童话般美丽，这种美往往不能用文字表达出来。特别是孩子在文字语言还不完善的时候，她可以用绘画来表达自我。

家长应该多鼓励孩子，调动孩子的思维和情绪，让她自发地涂画。可以订购一些绘画入门的杂志，也可以带她看画展，或者去领略自然风光。童心与世界一样广大，孩子作画的天地也这么广阔，她们的画总是充满神奇的想象力，富有魅力。同样，乐器演奏在培养女孩的艺术素养中的作用也非常重要。

演奏乐器对协调性要求很高，它可以训练女孩手、腿、心的协调，培养专注的能力；它需要手指的精细、灵巧的操作，它对肌肉的发育有益，能够使支配肌肉群的神经功能增强，使手指变得灵巧；听音、记谱也对孩子们的感受力、记忆力有所训练；通过演奏表达情绪情感还能培养孩子的想象力和创造力。

很多女孩练习乐器演奏之后，变得喜欢思考、好提问，做事也开始专注起来。大量实践表明，器乐教育是一种非常好的适用于早期教育的方法。

器乐教育可以从乐曲欣赏开始,先引起孩子对乐器演奏的兴趣,进而使她们自己用演奏来表达感情。乐器学习相对于欣赏乐曲更为复杂一些,因此一定要在学乐器之前让孩子对乐器演奏有充分的兴趣。只有充分利用了孩子的兴趣,才能使孩子坚持学习演奏。

乐器的选择对孩子来说很重要。刚开始时最好固定音高,可以选择键盘乐器,比如钢琴、电子琴。同时,培养乐感对乐器演奏的学习很重要。让孩子向往学习是乐器学习初期的重点,要引导孩子自己提出对琴的需求,而不要硬生生把琴给她。比如,带女儿去听其他孩子演奏,或者带她去观摩现场演唱会,让人们对演奏者的赞赏调动起她学习的兴趣。乐器学习往往比较复杂,需要付出很多辛苦的努力,不可能一蹴而就。因此,父母不要指望女儿的琴一下子就练得非常好。这和爬山一样,看似一步一步,但其实每一步都是为下一步做充分的准备。父母一定要为女儿确定阶段性目标,使女儿稳扎稳打地不断取得进步。

当然,除了绘画与音乐,培养女孩的艺术素养的途径还有很多,家长可以根据自己女孩的兴趣进行培养,不必追求一致。

强化孩子的学习动机

吸引孩子热爱学习、引导孩子学会学习是父母的一项重要职责，也是父母的真正魅力所在。热爱学习的基础乃是学习的愿望（即学习动机）。

学习动机是掌握知识、形成完善品格的重要条件，是直接推动孩子进行学习活动的内部动力。孩子们到学校去学习，动机是千差万别的，有的希望像哥哥、姐姐那样戴上红领巾，有的想跟同学在一块儿玩，有的是由于父母的启发和要求⋯⋯

一般说来，低年级儿童的学习动机是直接与学习活动相联系的，她们主要感兴趣的是学习活动本身：手里的小棍，书里的画面等，对学习的结果如何，常常不大关心。小学中高年级的儿童会逐渐理解学习的社会意义，明确学习的责任，义务感会大大增强，从要我学逐渐过渡到我要学。许多聪明儿童在家中和学校都没有激发起学习动机，当她们不争取去取得好成绩时，学习动机是不可能自行纠正过来的。那么，父母和老师就必须介入。

若要孩子做得好，必须让他想做好。俗话说，马不喝水摁不倒头（即你可以牵着马到水边，却不能强迫它喝水）。从教育上讲，你可以给孩子提供全部的智力营养，如高质量的玩具、最好的学校以及充满爱的家庭，但是你不能强迫孩子去想获得成功。那么，为什么有些孩子能够激发起成功的动机，而有些却不能呢？

动机是儿童根据以往的经验而对事情的预期的结果。例如，一个年龄不大的儿童能够合乎情理地期待用6块砖造一个建筑物。当然一开始她并不确定，但是在她成功之后，她会感到十分满意，并由此激励她下次尝试用七块砖来造建筑物。但是，如果她失败了，她对自己能做什么的估计就会打个小小折扣。她可能会重新尝试，这要取决于她对这件事的感觉方式。如果又失败了，那么就会导致又一次小小的挫折。若成功了，她的自我感觉就会更好些。她失败的原因也许是因为她用的砖没有上一次的好，或者她失败的原因是操之过急。但是儿童并未意识到这一点，这时的期望就没能建立在真实的情形之上。无论哪一种情形，由于上一次的体验，她对下一次"造楼"游戏的期望就会降低。

以这种尝试错误的方式，儿童可以判断自己能做什么，以及什么时候能够做。她会多次使用父母和老师的判断，以帮助形成她的指导原则。要让儿童竭尽全力，就应鼓励她下次目标稍高一点，但是她的期望值也不应设置得太高或者太低。

当父母和老师对孩子期望过高，以至注定她要经常失败，会导致她对自己的判断失去信心，越来越依赖老师和父母对她能力的看法。长此以往，她可能会把自己视为失败者。被人认为是天才的儿童更有可能遇到这种危险，例如，人们可能会期望她们在所做的各个方面都能成功。但是儿童与成年人一样，有好运也有坏运，有擅长的也有不擅长的。

首先教会儿童确定她们能做什么，这样就能帮助她们尽最大努力。成功的动机和思维的独立性来自安全感和支持，这是在生活中很早就学到的。这意味着让儿童在成绩面前产生自豪感因而能够确信无论什么时候只要她设法做好，就会得到父母明确表扬和注意。父母在孩子学习和成功的愿望方面起着很重要的作用。

如果父母从一开始就把孩子视为独立的个体，允许孩子自由地表达，很少批评他们，那么孩子就更有可能成功。若父母对孩子过多控制，过分保护，不愿意与他们辩论，这样的孩子一般成绩都不太好。

许多最终成名而且一定很聪明的儿童，在学校里未必做得好，爱因斯坦就是一例，丘吉尔也是。但是一旦激发起他的动机，就不会有止境。那么家长如何培养孩子的学习动机呢？

1. 因势利导，激发学习动机

家长们可利用一切教育的契机，培养孩子正确的学习动机。例如：孩子喜欢小动物，就带她们到动物园去观察，给她们看一些介绍动物的画片、图书，教育她们多读书，以后就能掌握更多的知识，成为动物学专家。孩子喜欢漂亮的房子，可以因势利导，要她们学好数学、美术等，将来成为建筑师。总之，可以利用一切具体的人和事物及时教育孩子主动地、认真地学习，逐步理解学习的社会意义。

2. 及时反馈，端正学习动机

随着年龄的增长，孩子们对学习的内容和结果越来越注意。 在学校里，我们常看到这样的现象：在低年级的课堂提问中，孩子们乐于举手回答教师的提问，但对回答的内容和结果却不够注意，甚至站起来张口结舌回答不出来，但她们仍然乐于举手。 从中年级起，孩子对老师的提问变得慎重起来，因为她们知道，回答的好坏反映了学习的成果，涉及父母和同学们对自己的评价。 因此，到了高年级，家长要注意及时了解孩子的学习成效，要根据孩子的特点与程度，正确地评估她们的成绩，以鼓励为主，不断提出新要求，帮助孩子树立正确的学习动机。

3. 利用内外因，诱发学习动机

学习动机是在一定诱因条件下，意识到需要而产生的，能够激活孩子学习需要的诱因有两类：外部诱因与内部诱因。

外部诱因包括社会、家庭与学校诱因。 家庭对孩子学习动机的形成具有基础性的影响。 如果家长认为"读书没有用""赚大钱才是好样的，而这不一定需要学习好"，就很可能使孩子建立消极的价值观，对孩子的学习有不利影响。 家长文化层次较高，业余时间多用于学习，且关心孩子学习，孩子的学习成绩就很可能较好。

内部诱因是孩子的学习目的与自我期待。 孩子如果能从学习的过程本身获得快感，这将是最理想的情况。 另外，家长对孩子的期待经常能内化为孩子的自我期待。

美国著名运动员卡尔·刘易斯仅11岁时就梦想着有一天能打破比蒙创造的8.9米的跳远世界纪录，他经常去量这个长度。但他参加比赛后连续失败了几次，12岁时的一次跳远比赛又失败了。回家后，刘易斯失声痛哭："我输够了！输够了！"好在刘易斯的父亲教子有方，他笑着对刘易斯说："伙计，那么现在你唯一要做的事就是开始赢！"刘易斯将父母的期望转化为动力，他真的开始赢了，不仅以8.91米的成绩打破了比蒙的纪录，还连续4次在奥运会上获得跳远金牌，创下一项奇迹。

现在不少教师总是要求家长在学生的试卷或作业上签字，这里暂不讨论这种做法是否正确，但这种做法确实也给家长提供了一个表达期望的机会。家长签字时，可以写上"一句话评语"，给孩子以激励，激发其学习动机。例如，可以看情况选用"书山有路勤为径""精益求精""火要虚，人要实""笨鸟先飞早入林""小聪明不是真聪明""没有毅力一事无成""华而不实最致命""跌了跟头，莫怨石头"，等等，家长的恰当评语会成为火花，点燃孩子奋进的火炬。

现在有不少家长，担心"愉快教育"会影响学生学习水平的提高。他们说："学习就是苦的，怎么会愉快呢？"看来需要转变一下教育思想。其实，"愉快"与"刻苦"并不矛盾。二者不是生死冤家，不要人为地把二者对立起来。"我心情很愉快""我在刻苦学习"这有什么矛盾呢，愉快的对立面是痛苦，刻苦的对立面是懈怠，以懈怠的态度学习才是痛苦的，愉快与刻苦完全可以而且经常结合在一起。

曾获诺贝尔物理学奖的杨振宁先生见国内有一篇报道说他年轻时"终日苦读物理"，他反驳说："什么'苦读'，我在学习物理时感到极大的乐趣，一点都不苦。"

孩子刻苦学习时经常是愉快的，不愿意学习的人才会对学习感到痛苦。孩子如果具有学习的内在动机，学习成功是指日可待的。她解答了一道难题，她写了一篇出色的作文，心里会产生满足感，很快活。所以家长要相信绝大多数愿意学习的孩子，是有旺盛求知欲的，家长对她的谆谆教导和严格要求是外部动机，但这可以转化，当孩子完成学习任务后要使她体验乐趣，相机表扬鼓励，慢慢地内部动机增加了，学习逐步变成自觉的行动，最后变成自动的行动了。此时就很少需要家长的督促。

总体来说，在激发孩子的学习动机方面，社会大环境对文化的重视是一个方面。而从家长的角度出发，主要是：热烈期望孩子成材，要使她们明确学习目的，要设法用知识吸引她们的学习兴趣和注意，使她们在学习活动中感受到学习过程本身带来的乐趣，从而调动学习积极性。

掌握科学的学习方法

诺贝尔物理学奖获得者丁肇中教授曾经说过：一个学生如果只会死啃书本，应付考试，那他所得的知识是极其有限的，很可能只是重复前人所掌握的东西。托尔斯泰也曾尖锐地指出：如果学生在学校里学习的结果是使自己什么也不会创造，那他的一生将永远是模仿和抄袭。

当孩子面对新的问题时，如果能和已有的知识建立起联系，就会让解题过程变得更轻松。考试的真正目的，也正是为了让孩子自如运用已有的知识，来解决新的问题。然而，联系已有知识的关键在于一个字——活，如果用得过于死板，反而会起到不好的效果。譬如《明湖居听书》中的一句："那双眼睛，如秋水，如寒星，如宝珠，如白水银里养着两丸黑水银。"我们一定会说这一句很美。然而，有孩子就模仿，写《我的同桌》："她的头发像黑色的瀑布，眼睛像夜明珠，鼻子像大理石，嘴像一条小船，脸盘子像十五的月亮……"当这些比喻拼凑到一起时，就出现了一个极恐怖的形象，还不如直接说一句"我的同桌很美"来得实在。这就是刻板套用已有的知识，这种毛病还不止出现在文科中，理科也一样存在着类似问题，例如用错了公式和定理。这种刻板的套用，归根结底，还是孩子对知识掌握得不够深入，仅仅凭借一些表面印象来运用，并没有真正地理解。

高钢把9岁的儿子带到美国，就像是把自己最心爱的东西交给了一个并不信任的人去保管，终日忧心忡忡。在学校，孩子可以在课堂上放声大笑，每天至少玩两个小时，甚至下午不到3点就放学回家，最让父亲开眼的是根本没有教科书。一个学期过去，父亲把儿子叫到面前，问他美国学校给他最深的印象是什么？孩子笑着说了一句美国英语："自由！"这两个字像砖头一样，拍在父亲的脑门上。不知不觉一年过去了，儿子的英语长进不少，放学之后也不直接回家了，而是常去图书馆，不时就背回一大书包的书来。问他一次借这么多书干什么？他一边看着那些借来的书一边打着字，头也不抬地说："做作业。"

这叫作业吗？一看儿子打在计算机屏幕上的标题，父亲真有些哭笑不得——《中国的昨天和今天》，这样天大的题目，即便是博士，敢去做吗？于是乎严声厉色，问是谁的主意。儿子坦然相告："老师说美国是移民国家，让每个同学写一篇介绍自己祖先生活的国度的文章。要求概括这个国家的历史、地理、文化，分析它与美国的不同，说明自己的看法。"父亲听了，连叹息的力气也没有，真不知道让一个只有几岁的孩子去运作这样一个连成年人也未必能干的工程，会是一种什么结果？他只觉得，一个孩子如果被教育得不知天高地厚，以后恐怕是连吃饭的本事也没有了。

过了几天，儿子完成了这篇作业。没想到，打印出的竟是一本20多页的小册子。从九曲黄河到象形文字，从丝绸之路到五星红旗……热热闹闹。父亲没有赞扬，也没评判，因为自己也有点发懵，一是他看到儿子把这篇文章分出了章与节，二是在文章最后列出了参考书目。这是父亲本人在读研究生之后，才开始运用的写作方式，那时，他已经30岁了。

在这个例子中我们看到，一个不到10岁的孩子，就能处理大量资料，并进行分类整理、编纂成书。最初是对资料的搜集和筛选，然后是把选好的内容按照一定逻辑关系连接起来，最后再从文字上通一遍，配图，排版，打印。分章分节本身就体现出了逻辑的递进关系，而列出参考书目，则显示出了严谨的治学态度。在整个过程中，找资料并不难，难的是在各种资料之间建立联系，把散乱的点连缀成篇。有了这种能力，任何复杂的综合应用题就都能迎刃而解了。对家长来说，让你的孩子获得这样的能力，其实并不难。

1. 让孩子找联系

对于孩子学习上的难点，家长可以让他寻找各种关联内容，或者在内容上有一定的逻辑关系，或者在规律上有一定的相似之处。这样有助于孩子加强知识间的横向联结，提高综合应用的能力。

2. 让孩子独立制作知识结构网络图

家长可以让孩子把某一科目的知识，都用图表的形式联结起来，体现出相互间的关系。这能让分散的知识在孩子的头脑中形成一个整体，尤其是在自己动手总结的过程中，孩子可以更深入地理解。

3. 遇到难题时，引导孩子回忆相关知识

当孩子在难题面前"卡壳"，父母可以引导她回忆以前学过的相关知识，努力寻找相互间的联系。可以把难题分为几部分，每部分都用相应的知识解决。这同时也是对旧知识的一次复习。

4. 让孩子系统介绍某一门科目

家长可以让孩子用自己的话，来介绍某一门科目的内容。为了尽量全面，孩子就不得不寻找相互间的联系。而这种联系一旦建立，以后的学习就会事半功倍。

5. 用创造性的题目，锻炼孩子的综合能力

家长可以仿照前面提到的例子，出一些有创造性的题目，让孩子独立完成一篇论文。题目应该能尽量引起孩子的兴趣，也可以由孩子来选。你会发现你的孩子也能完成一份研究报告，而且里面会有她自己的体会和心得。

6. 引导孩子去认识和发现

要帮助孩子去构建知识体系，而不是复制知识。前人留给我们的知识，对孩子来说是未知的，家长要引导孩子自己去认识和发现，孩子自己在学习中发现问题至关重要。当孩子提出有价值的问题时，家长应该因势利导，让孩子知道什么样的

问题有价值，这对培养孩子发现问题的兴趣，养成提出问题的习惯都有好处。

7. 培养孩子收集和处理信息的能力

收集和处理信息的能力是在现代社会中生存和发展的基本能力，也是促进孩子自主性学习的途径之一。教科书和其他参考书是孩子获取信息的重要渠道，但不是唯一的，在教育孩子的过程中，应加强指导，发展孩子多方面获取信息的能力。

8. 学会反思和自我小结

在学习的一定阶段内孩子自己进行反思和自我小结，根据自己收集的材料编写题目、自行解题等，是使孩子学会独立学习和整理信息的有效途径。

转变教育方式，构建旨在培养孩子创新意识和实践能力的学习方式，帮助孩子尽快步入自主性学习的轨道，是广大父母教育观念转变的迫切问题。

克服厌学情绪

在小学，小丽聪明好学，是个学习不错的女孩。刚上初中那段时间，她的学习成绩也还不错，学习也很积极主动。

但自从小丽上了初二后，就有了变化，她的学习成绩越来越落后，如今成绩已经落到了班级的中游水平。更糟糕的是，小丽现在有时看到课本就头疼，上课烦躁，父母督促她去学习，她常常十分不情愿。

妈妈向心理专家倾诉：

"我发现，这孩子最近特别厌学。其实，她以前就不怎么爱学习，不过现在好像更严重了。您能给她出出主意吗？该怎样解决厌学问题？"

专家看着小丽，问她："你很讨厌学习吗？"

静默了一会儿，小丽点头承认说："嗯，是的，我觉得每天都学习，烦死了。不过，我也想拿好成绩。"小丽似乎要努力证明她不是个不学习的"坏女孩"。

"嗯，你肯定想取得好成绩，想有一个好前途。"专家对小丽说。

"是。我很想好好学习，可就是缺乏学习动力，不知道在学习上怎么使劲，上课不能集中精力，不知道怎么才能喜欢上学习。"看得出，在对待学习的态度上，小丽本性还是不错的。

"好的，我理解。你可能在学习上体验不到乐趣，感受不到成就感和价值感，所以遇到学习困难的时候就没有动力去克服，是吗？"

"嗯，有点吧。那我该怎么办呢？"小丽问。

一旁的小丽妈妈见女儿如此虚心向专家请教，很欣慰地笑了。

"消除厌学，首先要有坚强的意志力，就是遇到学习困难不逃避，而是想办法克服困难。我相信，你肯定不会成为学习上的胆小鬼、惧怕学习困难吧？"

小丽笑了。

"克服厌学不是短时间内能解决的，你需要持续不断地做出努力。

你可以根据自己的实际水平，制定适合自己的学习目标和计划，每天完成当天的计划。还有，在学习时，可将大块的学习内容分成一个个小部分，每次认真完成一小部分的学习。

此外，还有很多克服厌学的方法，比如，设法发现学习中的乐趣，结合实际生活来学习，运用所学知识解决生活实际问题，掌握一些高效的学习方法、记忆方法等等……

持续不断地这样去做，慢慢地，你会发现学习其实也是很有意思的事情，也不是那么困难的。"

"嗯,希望我不再讨厌学习,而是喜欢上学习。就像我们班的姜云,她总跟我说学习很有意思,而我总觉得学习没意思,原来是她真的喜欢学习才这么说的。"
……

厌学是青春期女孩中比较常见的现象,其表现就是对学习没有兴趣。讨厌学习、讨厌书本,甚至讨厌去学校,视学习为负担或苦差事。

一般来说,女孩厌学主要原因是在学习上感受不到乐趣,感受不到学习的意义,或者没有好的学习习惯和方法,在学习上没有成就感等。

因此,要克服厌学,可从以下几个方面帮助孩子:设法发现学习中的乐趣和意义,培养好的学习习惯,掌握有效的学习方法,设立通过努力能够达到的小步子学习目标,并逐步实现目标,不断积累学习上的成就感。

◇ 女孩的天赋 ◇

▲ 音乐天赋

▲ 逻辑、数学天赋

▲ 空间想象天赋

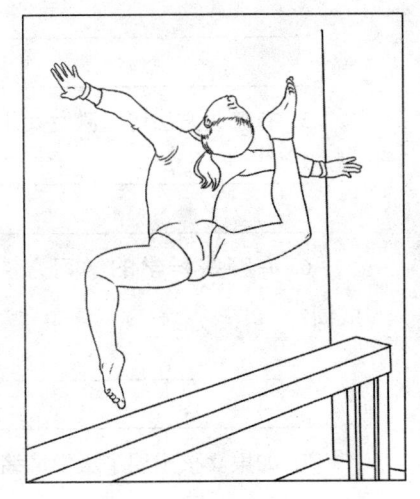

▲ 身体动能天赋

高情商家教思维

1. 你认为女儿最大的天赋是什么？未来该如何运用这种天赋？

   _____
   _____

2. 你希望女儿培养哪些兴趣爱好？为什么？

   _____
   _____

3. 如何帮助女儿平衡爱好与学业之间的关系？

   _____
   _____

4. 一个合理的学习计划有哪些要素？应遵循哪些原则？

   _____
   _____

5. 有哪些方法可以激发女儿的学习积极性？

   _____
   _____

6. 有哪些科学的学习方法可以帮助女儿取得更好的成绩？

   _____
   _____

7. 如果女孩出现了厌学情绪，父母该如何引导？

   _____
   _____

第八章

做个身心健康、内外兼修的女孩

好睡眠＝好身体＋好精神＋好头脑

现象一：

8岁的小溪每天精神都很好，一点困意都没有，非要缠着家长给她唱歌，讲故事。直到半夜十一二点，小溪才会稍微有些犯困。父母每天都很累，晚上还要耗费精力陪女儿到半夜，虽然心里很烦躁，但因为宠爱孩子，也只能自己多辛苦一些，任由孩子。

现象二：

晓晴上一年级了，但早上总是不能按时起床。妈妈说这孩子是到点不睡，该起不起。在起床时间，晓晴会大哭大闹地不肯起床："我要睡觉！我不要起床！"晓晴总是这样，弄得爸爸妈妈很头疼，他们怀疑晓晴的睡眠出了问题。

现象三：

> 小乐晚上睡眠不好。她已经7岁了，可晚上一关灯就害怕，必须有父母陪伴才敢睡觉。入睡后常常在半夜惊醒，更让父母不知道该怎么办才好。小乐父母很困惑，小孩子的睡眠怎么会有问题呢？

实际上，孩子的睡眠问题很常见：比如有的孩子要父母陪，有的要开灯，有的要讲故事……那么，孩子是否在用正确的方法睡觉呢？父母又是否足够重视孩子的睡眠呢？

研究表明，良好的睡眠习惯对孩子的成长至关重要。充足的睡眠可以促进孩子成长，使她的身体变高变壮；充足的睡眠还有利于提高孩子智力，使孩子能够更好地学习；充足的睡眠还可增强孩子的抵抗力，使神经系统的调节能力加强，进而改善孩子的精神状态。如果孩子在较长一段时间内都睡眠不足的话，那她的免疫力就会降低，很容易感冒。此外，睡眠不足还会影响孩子的精神状态，她会变得注意力不集中、脾气暴躁、容易觉得疲倦等。可见，良好的睡眠是孩子健康生活的基本保证。

所以，如果想要孩子快乐地生活学习，一定要注意孩子的睡眠问题，帮助孩子养成良好的睡眠习惯，让孩子休息好，从而有个好身体、好精神和好头脑。

1. 让孩子养成规律的就寝时间

我们体内有个确定入睡和醒来时间的时间机制，这就是常说的"生物钟"。如果你的女儿经常出现晚上睡不好的情况，首先应该注意是不是孩子"生物钟"有问题。如果是，你就应该帮她重新建立生物钟。

人的生物钟很脆弱，经常会往后延迟，所以父母要注意保持孩子的生物钟。你要规定女儿入睡和醒来的时间（特别是醒来时间），哪怕周末也不要轻易让女儿睡懒觉。这样，她的生物钟才会稳定。

> 小可今年12岁，她没有养成规律睡眠的习惯，经常在周末和假期晚睡晚起。妈妈跟小可说希望她以后可以早睡早起。妈妈先把晚睡的坏处告诉了她，然后和小可说："我们来做个约定！以后我们一同早睡早起，谁做不到，谁就请对方吃麦当劳，你同意吗？"
>
> 小可回答说："行，但妈妈你要说话算话！"
>
> 从此，小可就准时睡觉和起床了。与此同时，妈妈在和女儿的竞赛中，也养成了早睡早起的好习惯。

家长可与女儿做一个比赛的约定，并规定奖惩办法，陪伴女儿养成良好的睡眠习惯。

2. 创造良好的睡眠环境

研究表明，很多女孩因为睡眠环境不好，才出现睡眠问题。那好的睡眠环境是怎样的呢？这样的环境有三个特征：光线暗、噪音小和寝具舒适。

第一，孩子准备入睡时，要将室内光线调至最暗。在这种环境下就会感觉肢体疲乏，渐渐地，睡意就出现了。

第二，室内噪音要小。家长要尽量小声说话，小声走路……噪音小了，孩子就会容易入睡，并且不容易被惊醒。

第三，父母为孩子选择的枕头、床单等寝具要合适。孩子拥着舒适的寝具，才会有个好梦。

3. 帮孩子减轻心理压力

14岁的小燕很上进，班主任很喜欢她。每次学校举办竞赛，都会让她参加，这让她的精神压力很大。实际上，小燕不喜欢竞赛，但为了荣誉，总是在老师的期望下参加。

有一次，英语竞赛前夕，小燕通宵都在复习。由于睡眠不足，考试时她脑子里一片空白，题目都答不上来。小燕急得浑身出汗，勉强作答。这一次，小燕考得很不好。自此，她便出现了睡眠障碍，每天夜里都很难入睡，有时甚至彻夜难眠……

繁重的学业以及老师和父母造成的压力，很容易给孩子带来心理负担。有些父母每天都要求孩子学习很多东西，几乎每天都让孩子熬夜晚睡，这是错误的。长此以往，孩子的睡眠会受到影响，从而影响身心健康。所以，如果你真正关心女儿，就不要让女儿有太重的心理负担，给她提供良好的睡眠环境，才能保证孩子第二天的学习效率。

搭配合理的饮食结构

当今社会，人们的生活水平普遍提高，物质生活也极为丰富，然而在大街上既能看到"小胖墩"，也能看到"小豆芽"。权威机构调查显示，有得吃不一定懂得吃，在绝大部分的家庭饮食生活中，科学的饮食并未普及，相当多的儿童存在营养不良现象，儿童饮食结构的不合理仍很严重。

1. 不能让正餐成为点缀

有些孩子由于平时零食吃得多，正常三餐常常成为点缀。也有些家长轻视早餐，只让孩子随便吃点东西就上学或进幼儿园了。这样的饮食满足不了孩子正常活动、身体发育所需的能量和营养。孩子的脑细胞营养供应不足，会出现思维分散、记忆力减退，甚至导致神经细胞早衰。长期不吃或少吃早餐，还会导致胆结石等病症的发生，因为上午空腹或饥饿过久，胆汁中的胆固醇就会出现过饱和情况，使胆固醇在胆囊中沉积，从而产生结石。

"晚餐应吃得少"，这是对成年人而言的，对儿童则应另当别论，因为孩子正处于发育旺盛期，需要大量营养物质，即使在夜间发育也不会停止，因此晚餐不但不能少吃，还要吃得好。 所谓好，首先是热量要高，应为全天三餐热量的40％为宜。 为了孩子长得好，必须控制零食，决不应喧宾夺主，使三餐成为零食的点缀。

2. 饮食应以均衡为重

"充足、均衡的营养，是儿童饮食最基本的原则。"儿童营养专家指出，人体需要的营养素有蛋白质、脂肪和碳水化合物。 它们的摄取主要依靠米面、牛奶、肉类、鸡蛋和蔬菜等，这就决定了儿童摄取营养的主要渠道是一日三餐，而不是那些名目繁多的"儿童食品"。 下面的几种情况应该引起家长的重视。

（1）添加剂成儿童健康大敌。 目前，果味饮料的主要消费群体是儿童。 这些果味饮料，外包装上往往醒目的标着"草莓""苹果"等字样，可细看它的配料，却找不到任何水果的成分。 那么它的果味从何而来呢？ 答案就是：添加剂。

几乎所有孩子爱吃的小食品中，都有添加剂的成分。 专家认为，尽管食品添加剂不等于毒药，但长期超量食用就会存在潜在危害。 孩子肝脏的解毒能力较弱，且肾脏对添加剂中化学成分的排泄功能也比较弱，所以食品添加剂的超量使用，会对儿童的健康造成较大危害。

（2）进补让身体不堪重负。 一项调查显示，在北京、杭州、广州等十大城市中，10岁左右儿童服用各类营养口服液的比例高达83％。 营养学家指出，并不是所有的营养保健药都适合儿童。 不适宜地服用补品，只能使孩子脆弱的身体不堪重负。 如健康儿童不宜食用人参和含参食品，否则会削弱儿童的免疫力和抗病能力，儿童补钙过量会造成低血压……营养专家认为，一日三餐合理的膳食和良好的生活方式比什么都重要。

（3）钙奶、果奶代替不了牛奶。 钙奶、果奶最受孩子欢迎。 一位年轻的家长说道："广告上说这种东西还能补钙、补维生素，孩子多喝一点也不错。"

实际上，钙奶、果奶并不是真正意义上的"奶"，充其量只是含乳饮料。 按照国家规定，牛奶中除去水分之外的乳固体物质应当在11.2%以上，脂肪含量高于3.0%，纯牛奶的蛋白质含量应当在3.0%以上。 如果达不到这些标准，无论包装上写得如何好，这种产品也不能称为"奶"。 而乳饮料类产品的蛋白质含量只有1%左右，也就是说，它们的营养价值大大低于真正的牛奶。

孩子不宜多吃的食品

俗话说，病从口入。由于儿童机体发育不完善，因饮食而引起的负面反应会比成年人更为明显和激烈。所以，父母更需要在孩子的饮食上多费心思、精心配制。下面介绍些日常生活中儿童不宜多吃的食品，父母们需要特别注意。

1. 菠菜

菠菜中含有大量的草酸，进入人体后，会与体内其他食物中的钙相结合，形成不能被小肠吸收的草酸钙，只能原封不动地由大肠排出体外。而儿童成长发育需要大量钙质，多吃菠菜势必使钙的吸收明显减少，从而影响牙齿和骨骼发育，产生软骨病，甚至发生低钙性抽搐。而且草酸还会与食物中的铁结合，形成不溶性复合物，影响铁的吸收。

2. 糖类食品

糖类是供给机体热能的主要来源，所供热卡约占每日总热卡的50%，为儿童生长发育所必需。但吃得过多反而有害，原因是吃糖过多，容易使胃产生饱和感，并消耗体内大量的维生素，使唾液和消化液分泌减少，胃酸增加，肠内发酵，从而引起消化不良与食欲减退；大量吃糖会引起无机盐代谢失调，牙齿抵抗力下降，容易产生龋齿；过多的糖会促使肝脏产生过量的中性脂肪，中性脂肪随血液的流动易沉积到动脉壁上，形成儿童早期动脉硬化。

儿童每天吃多少糖合适呢？ 一般情况下，数量最好限制在 10 克左右，相当于市场出售的块糖 3 块。

3. 肥肉

脂肪是人体内重要的供热物质，所供热量占总热卡的 35%，脂肪还有利于脂溶性维生素的吸收，为儿童生长发育所必需。 但儿童每天摄入量最好控制在 100 克以内，如果长期过量摄入的话，反而对生长发育不利，影响钙的吸收，因为脂肪消化后会与钙形成不溶性的脂肪酸钙，阻止钙的吸收。 同时，脂肪摄入过多，会导致血液中胆固醇与甘油三酯含量增高，这两种物质是形成动脉硬化、导致冠心病、心肌梗死等心血管病的主要致病物质。 临床发现，10 岁以内的儿童脂肪进食过多，会使过多的热量以甘油三酯形式贮存在体内，可使脂肪细胞体积增大、数量增多从而产生肥胖。

4. 牛奶

牛奶营养丰富，这是众所周知的，但过多地让儿童饮用牛奶并不好，因为牛奶中铁含量很低，且吸收率低，当其他食物不能补充足量的铁时，就容易发生儿童缺铁性贫血；牛奶喝得过多，会导致体内钙磷比例失调，从而使牙齿抗菌能力减弱，形成龋齿；有儿童喝牛奶后会出现腹胀、疝气、腹痛、腹泻等症状，这是由于牛奶中乳糖不易被消化所致。因为乳糖要消化吸收，必须先经过肠道的乳糖酶把它分解成葡萄糖和半乳糖。较小的儿童肠道内有大量乳糖酶，能很好地消化牛奶，但随着年龄增长，大多数儿童的乳糖酶含量大幅下降，甚至消失，喝大量牛奶后就容易出现上述这些症状。

5. 茶叶

茶叶中含有大量单宁，能与食物中的铁结合，形成不溶性复合物，阻止铁的吸收。据研究，不论红茶或者绿茶，都能使食物中铁的吸收降低1~3倍。因此，为了不影响食物中铁的吸收，儿童最好不要喝茶。

远离挑食、偏食的习惯

家长们都知道孩子挑食、偏食是非常不好的饮食习惯，也知道这样对她们的生长发育极为不利。因为挑食容易造成维生素缺乏，而研究表明，人体一旦缺乏任何一种维生素，就会造成维生素的缺乏症，影响身体的健康以及身体的康复。另外，偏食会导致某些营养素的摄入不足或过量，造成体质虚弱，抵抗力差，容易生病或是过度肥胖，严重影响孩子的生长发育。

1. **偏食的危害性**

人体的生长需要多种的营养素，到目前为止，还没有一种食物含有人体所需要的全部营养素。因此就需要摄取各种不同的食物，来获取不同的营养素，在体内发挥不同的营养功能，以供人体生长发育所需。如蛋白质能促进生长发育，形成新的组织，修补身体组织，增强抵抗力等；脂肪是体内供给热能的食物，并且有利于脂溶性维生素的吸收；体表脂肪能防止体热散失，内脏周围的脂肪能保护脏器不受损坏；无机盐参与构成身体组织，而维生素则维持身体健康，调节正常的生理功能等，这些营养素人体都不能缺。

如果只偏食某几种食物，则就会出现各种各样的营养素缺乏症，引起营养不良，或者造成某些营养素过多症，一些营养性疾病如肥胖、心血管病症等就是由于长期地偏食肉类等荤食，不爱吃蔬菜等导致的。

还有一些儿童由于长期以精米、面为主食，不吃粗粮，以致产生一系列与维生素 B_1 缺乏有关的症状，轻者如便秘、哭闹、消化不良等，严重的还可能出现肢体感觉障碍、脚反射减低、肌肉萎缩等周围神经炎的症状及心动过速，呼吸困难，心脏扩大等急性心功能不全的症状。因此，儿童的膳食都应该做到荤素搭配，米面搭配，粗细搭配，让孩子从小就养成良好的饮食习惯，以利于健康成长。在矫正孩子的偏食毛病时可根据儿童的心理、生理特点加以预防、纠正。

（1）尊重孩子的小肚子。很多小孩子都只在肚子饿的时候才有欲望吃东西，所以如果孩子不饿的话，不需要强迫她们进食。

（2）保持冷静。如果你对孩子的饮食习惯不满意，从而对她进行威胁和惩罚的话，可能会出现相反的效果。

（3）注意时间。在吃饭前的至少一小时内不要让孩子吃零食或者喝饮料。因为孩子如果在吃饭之前觉得饥饿的话，在吃饭的时候就会更有推动力。

（4）让孩子当你的好帮手。你可以带上孩子一起去买菜，让她们挑选蔬菜、水果和其他的健康食品。不要买一些你不希望孩子吃的食物。在家，你还可以鼓励孩子帮忙一起清洗蔬菜或者摆桌等。

2. 养个不挑食的好孩子

孩子偏食、挑食的习惯一旦形成，营养的吸收无法做到均衡、全面，将对身体健康和正常的生长发育产生不利影响。古人云：五谷为养，五畜为益，五果为助，五菜为充。孩子正处于生长发育期，可塑性也较强，我们更应帮助她做到"泛食""杂食"，拥有健康的好身心。

对策 1：爸妈多多"照镜子"。

在严格要求孩子"杂食"的同时，家长有必要经常自我检查。很多孩子偏食、挑食都与家庭饮食习惯有关。专家曾对 1000 位母亲进行调查，结果发现，竟有 80% 的母亲存在偏食，她们对"该给孩子吃何种食物"同样存在错误的认识。如果家长自己偏食，必须克服自身的毛病，以身作则，带头品尝，还要连连称赞，以启发、诱导孩子。

相关研究还发现，孩子偏食与父母引导不当有关。有的孩子从不吃鱼！为什么呢？因为妈妈怕鱼刺伤到孩子，不让孩子吃。有的妈妈爱把自己对食物的看法告诉孩子——"什么真好吃，什么不好吃"。甚至，妈妈们经常会问的一句看似"关切之至"的话——"今天你想吃什么？"也要注意"慎从口出"，因为它也会带来这样的暗示效果："不好吃的食物是可以不吃的""自己吃的食物是可以随心所欲地选择的"。

对策 2：有奖，还要有罚。

对于孩子表现出的任何一点进步，父母都应给予肯定与表扬；进步不大的孩子，要以引导为主，结合奖励措施来加速饮食好习惯的建立。六七岁的孩子，习惯养成时间较长，父母要耐心地向她讲道理，告诉她这种食物里含有什么营养，对人体健康有什么益处，不吃它会有什么害处……针对孩子的心理特点，讲清道理，或能收到较好的效果。

当发现孩子开始厌恶某种食物时，家长绝不能承认其"合法"，不要随便给孩子偏食的权利。如果父母一见孩子不吃某些蔬菜，从此就不再给她吃了，久而久之，可能形成"协同效应"，不吃的食物越来越多。

另外，家长应多学习合理营养、平衡膳食的相关知识。纠正孩子不良饮食习惯时，要注意促进她的食欲。必须在孩子胃口好、食欲旺盛的情况下实施纠偏。

对策3：巧用膳食小单元。

我们提倡"杂食""泛食"，即注重食物的多样性。

想让孩子食欲大增，需要在搭配和烹调等环节多动脑筋。如孩子不爱吃菜，可以做成菜馅，与肉末包饺子、馄饨吃。从营养学观点看，饺子、馄饨是一种复合食物，含有多种人体必需的营养素，一个饺子或馄饨就是平衡膳食的一个小单元。再如：荤素什锦、色拉等，都是营养较丰富的菜肴，类似这种"吃一道菜的同时进食了多种食物"的方法，值得推广。

孩子偏食、挑食的习惯一旦形成，营养的吸收无法做到均衡、全面，将对身体健康和正常的生长发育产生不利影响。爸妈付出多一点努力，食物的色、香、味、形越是丰富，"杂食"孩子便越容易养成。

对策4：习惯好，肠胃就好。

家里唯一的孩子，或由隔代老人带大，或者父母娇宠过度，好的饮食习惯通常较难养成。但是，该做的规矩还是要做的。

饮食要定时，按时吃饭不拖沓。

饮食要定量，爱吃的东西一次不要多吃，以免伤食，令肠胃受损。

午餐、晚餐前不吃零食,以免引起肠胃消化功能的紊乱,使进餐时消化液分泌不足,食物滞留肠胃,不消化,从而导致厌食。

平时少吃零食,特别是甜食和冷饮。过甜、过咸、过冷、辛辣、油腻的食物,都能伤胃,造成消化液分泌障碍。

事实证明,绝大部分的孩子不是因为病而造成的偏食,而是一开始不良的饮食行为、习惯造成的,所以大部分原因还是因为家里面环境影响的,家长应予以重视。

让女儿懂得"着装四大要领"

现在的女孩子都在赶时髦,经常忘记穿衣要遵守的基本要领:整齐清洁、质地优良、适合需要和舒适满意。

整齐清洁是着装的第一大要领。俗话说:"人靠衣装马靠鞍。"想要给人留下一个良好的外在形象,着装自然不容忽视。但是,不论衣服有多贵,邋遢的形象都会很大程度上影响穿着者的仪态,不论是制服还是便服,都应当整齐清洁。

穿衣还要讲究质地优良。衣服和皮肤的接触很多,质地不好(比如有些衣服起毛球,或者脱毛掉色)会影响美观,有时还会影响身体健康。通常情况下,贴身的衣服最好是纯棉质地,当然,如果经济宽裕,也可选择纯丝质的衣物。再者,如果冬天穿的衣服不是纯棉或纯丝的,而是纤维的材质,就会产生静电。

至于满足需求和舒适满意,前者是指根据自己的体形特点选择穿衣,佩戴饰物和配件必须适应具体的时间、地点;后者则是说要根据自己的特质、喜好,按照着装的基本要求选择合意的服装,穿出自己的风格和魅力。

面料的选择要考虑到女儿的成长,有什么面料是比较舒适耐穿又符合女孩运动需求的呢？

首选就是棉布类制衣，各种棉纺织品如时装、休闲装等都更适合成长中的女孩穿着，它的优点是轻松保暖，柔和贴身，吸湿性、透气性都非常好。

其次是混纺。它可以综合棉、麻和化纤的各种优点，而且成本又低，物美价廉，非常受人们欢迎。

麻布也可以制作衣服。麻布是以大麻、亚麻、黄麻、蕉麻等纤维制成的布料，适合夏天穿着，它的优点是强度大、吸湿、导热程度好、透气性佳。

此外，依据自家的情况，也可以灵活地选择面料制作衣服。像化纤，虽然做出的衣服颜色艳丽，但不高贵，而丝绸、呢绒、皮革等材料虽然高档，却非常昂贵，家长当然需要依照自己的经济实力选择。总之，"衣贵洁，不贵奢"，为女儿选择衣服，与家庭的环境和谐得体才是最好的。

风格是必要的信仰

女孩的性格，从穿着上可以体现出一些。

（1）自然型。有很多这种女孩，她们给人潇洒、健康、有活力的印象，而且这类女孩往往显得更亲切，性格大方温和，在自然的妆容中体现出魅力。她们比较适合宽松的、装饰较少的服装，并且很少化妆，避开华丽、可爱，突显轻松自然。

（2）前卫型。这类女孩看起来身材娇小，即使穿上成熟的服装之后，也不符合自身年龄，这是她们甜美的面部以及可爱的身材造成的。那些轻柔的少女服饰，才能表现她们的可爱甜美。

（3）华丽型。这类女孩五官迷人、有着妩媚眼神和圆润身材，适合高贵华丽的女性化服饰，给人大气的感觉。她们的衣服最好是做工华美、细腻、华丽、有光泽、曲线感强、有夸张的女性化图案、饰物醒目耀眼，也可以选择较为饱和、华丽的色彩，但要避免暗色。最好用相近色彩搭配。腰部和臀部的曲线要突显，贴身的服装更能尽显妩媚性感，在所有场合的穿着都可以略显夸张。

（4）古典型。 这类女孩给人一丝不苟的感觉，她们往往五官端正、面容高贵，甚至有一种与忙碌城市不合的风格，她们需要精致而正统的服饰来衬托自己，选择的服装整体风格应是端庄严谨的，适合精良、合体的套装，直线剪裁，简洁大方，款式也很简单，适合穿职业装，可以用丝巾在领部做点缀。

（5）戏剧型。 她们有着鲜明的个性、引人注目。 她们的脸部轮廓线条分明，五官夸张立体，身材笔直而略高。 标准戏剧型女生整体让人感觉夸张，非常有存在感，性格大胆、极端、有个性、让人感到有距离感。 穿包身、性感的衣服适合她们，饰品耀眼、夸张的大褶皱长裙，中间收腰、下摆很宽的上衣；大尖领、方领，双排扣，面料光泽耀眼的衣服也适合她们。

（6）优雅型。 这类女孩的面部轮廓柔美、圆滑，五官精致，皮肤娇嫩，身材圆润，走起路来很优雅，是小家碧玉型的姑娘。 无论身材和面庞曲线，女人味十足，因此，她们应当选择柔软的布料和曲线裁剪的服装。

◇ 做健康的女孩 ◇

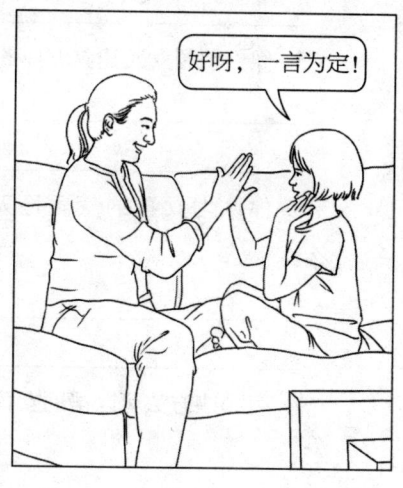

芳芳,你该去睡觉了。

我再看一集动画片就睡。

晚睡晚起不利于你长高,视力也会下降,免疫能力还会变差呢。

那好吧,我这就去睡。

这样吧,我们一起早睡早起,晚睡的那个人第二天要请对方吃肯德基,这样好不好?

好呀,一言为定!

家长要帮助孩子养成良好的睡眠习惯,可以要求孩子在规定的就寝时间入睡并严格督促孩子。上例中与孩子做约定并设立奖惩制度就是个不错的方法,它可以充分调动孩子的积极性。

高情商家教思维

1. 如何帮助女孩创造良好的睡眠环境?
   _____
   _____

2. 看完这一章后,你获得了哪些关于营养的新知识?
   _____
   _____

3. 家长该如何帮助女孩克服挑食、偏食的坏习惯?
   _____
   _____

4. 如何培养女孩的气质?
   _____
   _____

5. 你希望帮女儿建立怎样的穿衣风格?
   _____
   _____

6. 你认为女孩的气质是天生的还是后天培养的? 为什么?
   _____
   _____

7. 有哪些方法可以帮助女孩提高自律能力?
   _____
   _____

第九章 帮助女孩远离成长的烦恼

帮助孩子从手机中走出来

要说当今流行最广的一样数码产品恐怕就数手机了,处于 5G 时代的我们差不多都有一部智能手机,除了打电话接收信息,智能手机使得手机的功能无限扩展,承载了更加广泛的功能。手机使得沟通快捷,获取信息便利,生活上更方便,这些好处使得每个人似乎都离不开手机。在北京拥挤的地铁上,几乎有一多半人在看手机,在街边,在公交车上,低头一族也是频频出现。不仅仅是成年人在玩手机,大学生、高中生,甚至于一些初中学生也毫无例外地陷入了整天玩手机的状况中。

晴晴去年刚上初中,是个乖巧懂事的女孩,在校学习认真刻苦,在家懂事乖巧,还会帮助妈妈做一些家务。初中之前,晴晴从未接触过手机,更不知道手游、网聊是什么。上了初中,晴晴有了第一部智能手机,初二时,她从同学那里学会了玩手机游戏、聊天、网购,这一玩,她就上了瘾。

晴晴很诚实地向心理专家讲述了她的真实情况和

想法：

"我现在觉得自己很依赖手机，总想看手机、与朋友聊天，因而影响了学习。我很着急，想改掉这个毛病。其实，我也知道玩游戏、聊天不对，可我就是控制不住自己。每次心情不好的时候、学习累了的时候，我就很想去看手机玩游戏，跟网友聊天。我明明知道，放学后应该早点回家写作业或帮助妈妈做些家务，可一走出校门我就不由自主地被手机俘获而无法自拔，有时候躺在床上玩手机和同学聊天能到大半夜，越聊越有兴趣就忘了睡觉，搞得自己第二天上课都没有精神。"

"你每次玩手机的时候会是什么感觉？"专家问晴晴。

"每次玩手机，和网友聊天，我就忘记了生活学习中的很多烦恼，忘记了时间，觉得非常放松、自由和快乐。"

专家了解到，晴晴沉溺于手机主要是因为自我控制力差而无法自拔，把玩手机当成了一种放松消遣和精神的寄托。于是专家建议道：

"其实你心里有很多无奈和压力，玩手机或许是你逃避或者忘记这些无奈和压力的一种方式。"

晴晴想了一会儿，又点了点头。

"我明白你很想摆脱对手机的依赖，将更多时间、精力放在学习上和现实生活中。为了做到这一点，你需要付出一些努力，花费一些时间去改变。

"我建议你，平时和你的父母、好朋友以及老师说一说，跟他们面对面地说说你的心里话，这样你就会减轻一些对手机的依赖了。

"你可以给自己制定每天学习和做事的计划,将每天上课、上课之外的时间需要做的事情都安排好、写下来,严格按照计划去做。

"你也可以培养自己的一些课余爱好,课余时间做一些自己喜欢做的事情,多参加有益的课外活动,让你的生活更丰富,这样你就不会因为生活单调而到网络中寻找快乐和解脱了。

"还有,要多交一些朋友,与他们一起从事一些有益的活动,这样也会帮助你减轻对手机的依赖……"

晴晴很认真地听着专家的讲解,最后,她表示要努力按照专家说的去做。

透过手机走遍天下,透过小小的屏幕,足不出户便知天下事,看遍世间美景,这些所谓的好处和便利,不知不觉中就束缚住了年轻人的思想和身体,很多青春期女孩由于缺乏自律能力而受到手机的影响。

粗暴地干涉、收走手机无法使孩子从心理上彻底断绝手机的诱惑,家长可以从以下方面帮助孩子克服对手机的依赖:让孩子多从事有意义、自己感兴趣的活动;培养一些爱好和兴趣,学习自己感兴趣的东西;利用适当的方式释放压力或消除烦恼;多与父母或朋友交流,避免积累不良情绪,避免因现实压力和烦恼而转向以网络逃避烦恼。

要设法把手机和网络当作学习交流的工具,而不仅仅是娱乐或玩耍的工具,利用手机的积极一面,克服其消极的一面。

远离校园暴力

一次，我在看电视时，电视上正播放一则校园新闻。这是一起发生在某地某中学的恶性暴力事件，校门口的摄像头记录了这起事件。

事件中，三四个男孩子共同殴打一个女孩，原因是这几个男孩提出跟女孩"玩玩"的时候，女孩没有答应。

这几个孩子是同一所学校、同一个年级的孩子，只是不同班。

几个男孩是老师眼中的"问题孩子"，他们几乎"无恶不作"——逃学、上网、调戏女孩、偷窃。他们中有两个男孩曾受过学校的记过处分。

这个女孩是个不能吃亏的主，当男孩提出跟她"玩玩"的要求时，女孩觉得自己被侮辱了，性格刚烈的她就骂了对方一句。

被骂的男孩哪能吃得了这种亏，就用力打了女孩一拳，女孩也不甘示弱，和男孩你一拳我一拳地对打起来。

其他几个男孩不想旁观，也加入了对女孩的殴打，结果就引发了一场群殴。

一个柔弱的女孩子哪是几个男孩子的对手。不一会儿，这个女孩就招架不住了，但男孩子们仍不肯放过她，继续殴打她。

没过几分钟，女孩被打得满脸鲜血，还被打落了一颗牙齿。其他几个男孩手上、胳膊上也都留下了女孩的齿痕和抓痕，而周围的地上也是满地的血迹。

事后，当记者采访女孩时，女孩的话让我的心情无法平静，她说自己是为了要收拾那几个小混混而动手。

我钦佩女孩的勇气，但我觉得她太不懂得保护自己。在双方力量悬殊的情况下，女孩首先应设法保护好自己，不让自己受到伤害，尤其是在她也知道那几个男孩不是善茬的情况下，就更不能单枪匹马地通过暴力来解决问题。

当前，校园暴力仍难以绝迹，身体相对于男孩更柔弱的青春期女孩要设法避免暴力事件，避免自己遭受暴力的伤害。

如果遇到暴力伤害，女孩首先不要害怕，但也不要硬顶、硬冲。要想办法先保护好自己，尽可能地通过友善的沟通与对方解决矛盾。

如果自己无力对抗对方，可找个借口或理由离开现场、借机逃脱。如果实在逃脱不开，就尽量大声向周围的人呼救，或者设法报案。

平日里，女孩不要与社会那些不良青年交往，不要跟那些有暴力倾向的坏孩子发生正面冲突，若是遇到暴力的危险，女孩要设法告诉老师、家长，求得保护。

不交"损友"

进入青春期之后,女孩的思想和情感开始转移,以前依赖的是父母,现在转移到朋友身上。为了朋友,不在乎回家晚了父母的脸色;为了朋友,可以不和父母一起去拜访亲朋;为了朋友……

事实上,友谊是任何一个孩子成长的需要,从入幼儿园的那一天起,孩子社会交往的范围就开始扩展,开始发展同伴关系。而随着年龄的增长,视野的增宽以及接触社会面的增广,孩子对友谊的需求更加强烈,渴望朋友的认同,需要朋友的支持与帮助。而且,和同伴在一起会玩得更"疯"更快乐。

正因为如此,父母应该支持孩子交友。但也要注意,因为这一阶段的孩子虽然具备了一定的理性思维能力,但在辨别是非方面还有所欠缺,也就是说很可能会交到损友。

前两天我在楼下散步的时候,遇到一个邻居,提起女儿,她一脸气急败坏地说:"不知道从什么时候开始的,我女儿交了些不三不四的朋友,学坏了!以前她挺朴素的,从来不在吃穿上讲条件,现在非名牌不可,成天要求我们给她买这个买那个，也不好好学习了，大部分时间都花在了打扮上。"

朋友有有益和无益之分，有的朋友能够给予良好的影响，而有的朋友却会害人。邻居家的孩子之所以学坏，就是因为交上了无益的朋友。

所以，为了防止因受无益朋友影响而走上学坏的路，一定要给孩子提出交友要求：结交有益的朋友，远离无益的朋友。具体说来，一定要牢记以下这两个原则。

1. 值得交往的朋友，一定要主动接触

如果交上了好朋友，将终身受益。朋友们的诤言忠告，能够让你避免误入歧途；朋友们的温暖慰藉，能够让你得以在逆境中重新奋起；朋友们的忠实诚信，能够让你享受到"人生知己"的幸福。所以，对于值得交往的朋友，一定要主动接触。

那么，什么样的朋友值得你与之交往呢？《论语》里面给出了答案：有三种有益的朋友，即正直、诚实、博闻多识。具体而言，可以参考以下这些标准：

积极无害之事、犹豫不决之事、结果令你高兴的事（比如说当志愿者、参加辩论赛、阅读特定的书籍等），她们都会鼓励你去尝试；有害、危险或有潜在负面影响的事（比如说过分讲究穿戴、抽烟、喝酒、吸毒等），她们都会阻止你不让你去做。

2. 不值得交往的朋友，躲得越远越好

所谓近墨者黑，朋友的友谊就像一个染缸，如果交上一个无益的朋友，也很容易被感染。

我认识的一个女孩就是这样的：

她小学时学习很努力，成绩也不错，升上初中以后，在新的环境里交上了几个不好好学习的朋友，因为经常和她们在一起，她也不好好学习了，成绩退步了不少。

这种不把心思放在学习上的人，往往不值得与之交往，事实上，对于这类人不仅不能交往，还要躲远点。

除了不好好学习之外，不值得交往的朋友还包括很多，《论语》中也提到了，有三种有害的朋友不值得交往，即谄媚逢迎、见风使舵、花言巧语。具体而言，你也可以参考以下这些标准：

她们会扔下"扫兴""胆小""无趣"等这些词，刺激你去做你不想做的事，比如说喝酒、抽烟、吸毒、谈恋爱。

通常情况下，你很难觉察你交的朋友到底有没有害，如果这样的话经常从她们口中传出来，就要离她们远一些了：

"一起去做，这很好玩，大家都去。"

"就试一次。"

"别这么无聊！"

"想成为内部成员（想进我们这个圈子），你就要……"

与异性交往的困惑

"做中学生真累!"这是经常从青春期女孩口中听到的话。

如何理解这句话呢? 在和这些青春期女孩们交流的时候,她们是这样说的:

学习辛苦自是不说了,可我们与异性同学的交往还得处处小心。因为,老爸老妈总是不停地在耳边"嘱咐"道:"要学习,不要整天和男同学打打闹闹,嘻嘻哈哈的。""做女生要有做女生的样子,别和男孩子混在一起。""中学生不要恋爱呀,好好学习才是你们的任务。"

我性格开朗,喜欢跟性格相近的男生交朋友,并且有一个非常要好的男性朋友,但同学的闲言碎语冲击着我,还有人向老师报告说我早恋,老师也因此对我产生了偏见。

正因为如此,女孩们产生了各种各样的困惑:

难道男女生之间非得画条"三八线",彼此互不理睬,这样父母们才会放心吗?

难道男女生之间就不能交朋友吗?

为什么非得把同学的友谊定位在"恋爱"上呢?

有句话说"男女除了爱情之外是没有友情的",真的是这样吗?

其实,在进入青春期以后,对于每个女孩子而言,异性交往是一个既让人向往又让人烦恼的话题。一方面她们需要友谊,需要不同性格、性别的朋友;另一方面又很困惑,生怕男女同学之间的交往会引起同学说闲话,招来误会,更害怕交往会被老师、家长所告诫:异性交往要小心! 警惕危险!

心理学的研究和实际观察发现:青春期交往范围广泛,既有同性知己,又有异性朋友的人,比那些少有朋友,或只有同性朋友的人的个性发展更完善。他们情绪波动小,情感丰富,自制力较强,心理健康水平较高,容易形成积极乐观、开朗豁达的性格。

总之,要知道这样一点:学会与人交往,包括与异性交往,是个人成长不可或缺的内容。

可是,在允许孩子同异性交往的同时,还要让她明白一点:男女之间的交往并不是简单而容易的问题,并不是随意而毫无规范的,比起同性的交往,它更需要原则和艺术,否则就容易变质。

1. 异性交往的一些原则

许多青春期女孩常常会问这样一些问题:

男生、女生的交往尺度到底是怎样的呢?

我们在学习生活中,要怎样与异性朋友交往呢?

下面是专家列出的一些与异性交往的原则。

第一,注意交往的方式。

青少年男女以集体交往为宜,课堂上的讨论发言、课后的议论说笑、课外的游戏活动等，为大家创造了异性交往的机会。 一方面，在异性的集体交往中，一些性格内向、不善交际的女孩，可以免除独自面对异性的羞涩和困窘；一些喜欢交际的女孩，则可以满足与人交往的需要。 另一方面，在浓浓的集体氛围中，每人所面对的是一群异性同学，他们各有所长，或幽默健谈，或聪明善良，或乐观大度，或稳重干练……可以在吸收众人优点的同时，开阔眼界和心胸，避免了只盯住某一位异性而发展为"一对一"的恋爱关系。

集体交往的形式各种各样，如兴趣小组、科技小组、学习小组等。 集体活动也是丰富多彩的，如游戏、竞赛、旅行、小发明、小制作等。

第二，把握交往的尺度。

如果对方大大方方地、公开地约你一同参加某项活动，如听音乐、看电影、观画展、逛书市，这是正常的、公开场合的两性交往，完全可以大大方方地赴约。

女孩子应端庄、坦荡，不使对方产生误解和非分之想。

假如两人互有好感，相处愉快，约会的次数增多，每次约会的时间会延长，直到两人难分难舍，这时一定要注意适可而止，保持一定的距离。 减少单独在一起的次数、时间，见面时多谈谈学习上的事情，使双方的感情降温。

为防患于未然，对于抱着谈情说爱为目的的约会，最好婉言谢绝，让对方明白你的心思，放弃对你的追求。 对于纠缠不休，甚至威逼诱吓的人，就要请家长、老师、同学、朋友们帮忙处理了。

只要把握好与异性交往的尺度，诚恳对人，热情大方，自尊自重，便能处理好与异性的关系，以自身良好的修养和人品赢得异性的尊重和友情。

2. 如果暗恋发生，千万不可发展为明恋

一个女孩在日记本里写下了这样一段文字：

> 我们班的班长长得很帅，学习成绩就不用说了，大家都很喜欢他。不知道从什么时候起，我发现自己悄悄喜欢上了他。我每天都期待着能看到他，听到他的声音，看到他的笑容，有时想得上课都在走神，而他却一点也不知道，依旧是那么爽朗。有时候看到他和班上的女同学相处得那么融洽，我心里边就不舒服。

事实上，对于正处于花季雨季的人来说，这个年龄有喜欢的人是很正常的。这个年纪，正是情窦初开之时，生理上日益发育成熟，性意识开始萌发，无论男孩女孩都会对异性产生好感和爱慕，希望与有好感的异性相互接近、了解、交往，并结为朋友，这是非常正常的心理现象。

但是，仅仅这样就可以了，千万别再让这种情愫进一步发展，一旦暗恋发展为明恋，后果往往就不堪设想了。

有位作家说过，暗恋是一朵带刺的玫瑰，我们常常被它的芬芳所吸引，然而，一旦情不自禁地触摸，又常常被无情地刺伤。这句话说得非常有道理，所以青春期的女孩可以有喜欢的人，但一定要学会自控，用理智战胜情感。

男孩和女孩能交往吗

放学的时候不巧赶上了下雨,但是冰海却没有带雨伞,这下可麻烦了,要怎么回家啊?冰海只能一个人坐在窗旁,希望雨可以快点停下来。

"冰海,你怎么还不收拾东西准备回家啊?"她的前桌问她。

冰海懊恼地答道:"我没带雨伞,要怎么回家啊?"

"你拿我的伞回家吧。"也不知道他从什么地方"变"出了一把雨伞。

"那你呢?要是我把伞拿走了,你怎么回家啊?"冰海不禁担心起来。前桌却傻傻地乐了一下,用那种无所谓的口气回答道:"没关系,我跑着回去就行了。"

听到他说的话,冰海心里涌上了一股暖流,于是就说:"那不如我们一起回家吧,反正咱们也顺路。"

听了冰海的建议,他开心地点了点头。

之后,冰海和他打着同一把伞在雨里漫步。冰海心里想着自己这么大了,还是第一次和男生打着伞一路回家。这种只有在电影情节里出现的画面居然发生在了自己的身上。

但是天公不作美，这场雨居然越下越大，小小的伞根本就无法抵挡这瓢泼大雨。他倒是十分绅士，不停地把伞往冰海这边偏，但自己瞬间就变成了落汤鸡。

看到这些，冰海心中又是抱歉、又是欣喜、又是感动。

晚上回到家，冰海躺在床上却怎么也睡不着了，她的脑海里总是出现他那憨厚的笑容，难道自己喜欢上他了？真是的！或许，女孩子就不应该和男生们交往，只是一起回家而已，那为什么我怎么都不能入睡呢？

青春期是一生中非常重要的阶段。身心在这一阶段快速地变化和成长。除了身材外，内脏器官也在发生变化。在这个时候，知识也会越来越丰富，而认识活动是由具象思维向抽象思维逐渐过渡演变，这样就会对外界形成自己的看法。

有些人对早恋有着担忧的心理，总是觉得喜欢异性是不正常的，不是一件光彩的事情，尤其是家里的乖乖女和乖乖儿们，会觉得喜欢上异性便不是好孩子了，会遭到周围人的指责。但是另一方面又对喜欢的人放心不下，这样心里就十分矛盾，进而便有了很重的心理负担。事实上完全不必这样。当我们搞明白早恋的原因之后，就不会产生恐惧和担忧了。

青春期或是青春期之前的少年（少女）出现对异性的爱慕之情被称作早恋，也叫作"牛犊恋"，这多与环境因素引起的性兴奋和性萌发有关；一部分也与孤独有关。陷入早恋的少男少女会相互吸引、相互爱慕、相互支持，处于一种愉悦的情绪中，这时的感情是十分纯真的。因为这时感情处于主动地位，因此往往会缺乏理性的判断。多数人都是有着性接触的想法，但不一定会付之行动。早恋中的少男少女大多沉迷在对方的甜言蜜语中。

早恋是由于受到外界催化而成的早熟结果，很难有个固定的性对象；对某一异性的爱慕或是喜爱是不理性的。假如班上一个男生说他喜欢班上的一个女生，可能是因为她长得很漂亮，也可能是因为与对方兴趣相投。

假如你觉得你对于某个异性有着喜欢的倾向，或是身旁的朋友、同学有早恋的倾向，不要表现出恐惧和震惊。这并不是道德低下的表现。早恋并不是犯罪，但的确会给双方带来极大的负面影响，它会分散你的精力，直接影响到你的学习，特别是在我们不能够好好控制自己的情况下。

一旦陷入这种爱慕，就会在不知不觉中减少在学习上的精力和时间而过多将注意力放在异性的身上。因此，我们并不鼓励早恋。到了这个年龄阶段，处于正常的情感需要，每个女孩都会产生与异性接触的渴望，这并不是心理疾病，也不是一件可怕的事情，但是一定要与异性保持一定的距离，才能拥有更多朋友。面对早恋，不要轻易地尝试。

远离坏男孩

一位母亲讲了一件很无奈的事：

女儿16岁，马上就要中考了，几个月前她喜欢上了一个街边"混混"，之后就经常不回家，一走就是两三天，逼着我们答应她和"混混"来往，甚至以服毒药、辍学相要挟，眼下已经两周不上学了，亲戚朋友都劝遍了，可是没有任何办法。

看着这位母亲在那急得直跳脚，我想了很多：可怜天下父母心，为孩子总有操不完的心。

现实生活中，女孩子喜欢上坏男孩的现象并不少见，但为什么会出现这种现象，为什么坏男孩如此容易得到女孩的垂青呢？

理由无非就是以下这些：

他们懂得浪漫；

他们的嘴巴很甜；

他们洒脱、张扬、自我、出人意表；

他们的神态酷毙了，连打架的姿势都那么帅。

是的，正是这些使得女孩很容易就坠入情网，投入坏男孩的怀抱。然而，女孩们却忽视了，这都不是最真实的他们，他们的确很聪明，往往把好的一面展现在别人面前，而把坏的一面隐藏了起来。如此，当女孩深陷其中，再看清他们的真面目时，那时也许为时已晚。

一位母亲就曾这样说起自己的女儿：

> 女儿升入初中并做了班长后，一个大她一届的男孩写信说喜欢她，这男孩因为经常和校外小流氓混在一起，还被学校处分过，是一个谁都不敢惹的小混混。情窦初开的女儿，哪见过那么猛烈的追求攻势，很快就和他搅和在了一起，逃学、旷课、晚归，学习成绩直线下降。

所以，要教育孩子，千万不要喜欢坏男孩，这种人不值得喜欢。

那么，什么是坏男孩呢？大致有这样两种：一种是那些抽烟喝酒打架，不好好学习的男孩；另一种是那些性格有缺陷的男孩，比如说身边没有朋友、脾气很大等。

1. 建立正确的异性审美标准

如何来选择异性朋友，才能算是正确的呢？看他是否浪漫、幽默、帅气，嘴巴甜不甜吗？不，这些都是次要的，甚至可以忽略不计，最重要的要看以下几点。

有上进心：热爱学习，对知识有一种永无止境的追求；

勤奋肯吃苦：在生活和学习中不管碰到多大的困难都不会退缩，不达目的誓不罢休；

有理想：对生活有很高的追求，同时也在为这个目标而付出行动；

有责任心：对于任何事情都敢于承担责任；

乐于助人：对于需要帮助的人总是热情相助；

为人正直：在任何时候都不会违背自己的良心；

随时保持一颗乐观的心：不管在多么艰难的时候，都对未来充满信心，相信自己总有一天会成功的。

2. 远离"坏男孩"

一个刚考上重点大学的女孩讲了一件发生在高中时期的往事：

> 分班时，因为成绩不错，我被分在了重点班，才开学没多久，一个普通班的男孩就向我表白，让我做他的女朋友。他是学校里的小混混，整天游手好闲，学习成绩一塌糊涂。我拒绝了他，从来就没有理会过他。
>
> 见我没反应，他又把眼光瞄向了班上一个成绩优异的女孩子，经不住他猛烈地追求，这个女孩同意了与他交往。
>
> 从那以后，这个女孩仿佛变了一个人似的，不再把心思放在学习上，经常逃课和他混在一起，还学会了抽烟喝酒。她的成绩直线下降，最终高考落榜了。

多给孩子讲讲这类案例，并试着让她做出选择，相信她一定会选择那个考上重点大学的女孩的。倘若有坏男孩靠近，就应该像这个女孩一样，远离他，不让他靠近。

拒绝言情小说

随着青春期的到来，越来越多的女孩对言情小说"情有独钟"，相信很多人都有过这样的经历：

在桌缝里看琼瑶，在被窝里看席绢，在浴缸里看于晴；

每晚看小说看到凌晨一二点，不看完不睡觉，边看边流泪；

曾经被老师在课堂上收缴过，被爸爸妈妈责骂过，自己的内心也颇为矛盾和自责。

正处于青春期的孩子，由于受荷尔蒙激素的影响，自然容易被爱和情所纠缠，而言情小说正好符合了这一阶段的心理，可以从这类书中找到新鲜感、刺激感或者说品味到从来没有体验过的感觉，而这些感觉对于青春期的孩子而言无疑是美妙的。

从客观上来讲，中学生看言情小说，有利也有弊。

可为作文借鉴，这是看言情小说的好处。一个女孩曾这样说："写作文涉及心理描写时偶尔会用一些从言情小说中学到的描写方法。"

的确，言情小说主要都是以人为主，所以在小说中对人物的描写比较多，比如说人物的外貌、心理、动作、语言的描写。一般的作者，都会在这些地方下不小的工夫，因此，适当地看一下言情小说，对写作是有一定的帮助的。

那么，看言情小说的坏处又有哪些呢？这主要体现在两个方面：

第一，影响学习成绩。

一位妈妈曾这样说起自己的女儿：

女儿迷上言情小说以后，不但每天在家看，还要带到学校在课堂上偷看，不认真写作业，老师讲课的内容也听不进去，就像耳朵关了一扇门一样，结果眼睛近视了，学习成绩也急剧下降。

确实是这样，把大量时间花在看言情小说上，就会无心学习，成绩自然会下降。

第二，产生早恋行为。

许多女孩言情小说看多了以后，往往会认为小说里的情节很浪漫，要是自己也能像小说里的女主角那样就好了，于是，有的女孩就抱着"试一试"的心理，最后导致早恋。

作为过来人，如果让我们来对言情小说做个评价，我们的观点是：如果为了提高文学水平，言情小说不是唯一选择；如果为了休闲娱乐，言情小说只是一种玩具；如果沉迷其中，那言情小说便是一种毒药。

那么，言情小说该不该看呢？父母要给出自己的建议：现阶段最好不要看，适合看的书其实不少，比如说文学名著、历史传记等，这些书既能提高个人素养，又能拓宽知识面，而言情小说，倘若想看，不妨上了大学或是走上工作岗位以后再去看。

1. **找找它们共通的规律**

讲一个初中同学的故事：

她可谓是一个不折不扣的言情迷，书包里总少不了言情小说，只要一逮着机会就拿出来看，有时甚至熬到半夜两三点，当然了，这都是拿着手电筒躲在被子里悄悄进行的。

她疯狂地看了两年，可上高中后就再也没接触过了，即使看到有的同学在看，她也不动心。我们都觉得不可思议，她怎么能说不看就不看了呢，难道是转性了？面对我们的疑问，她是这样回答的："嗨，这类书看多了你就明白了，说来说去内容无非就是这样几种：男主角既多金又帅，女主角则是个贫穷的灰姑娘；男女主角都是俊男美女，家世也不错；女主角是个漂亮的富家千金，男主角起初一无所有，后来经过奋斗也跻身到富人行列，而不管何种版本，古代的也好，现代的也罢，结局都只有一种，男女主角都过上了幸福快乐的生活。大致内容都能猜得出来了，再看也没意思了。"

其实言情小说就是这样的，都能找得到共通的规律，大致就是这样：美女俊男的三角恋爱，故事里的主人公都要经过漫长的爱情旅程，历尽千辛万苦，战胜百般阻挠，到最后都能挣一个"有情人终成眷属"的美满结局。按照这样的套路，看一本便可通 10 本，这还值得你看吗？纯属浪费时间而已。

2. **联系现实生活，琢磨一下它的虚幻之处**

当沉浸于言情小说中时，如果能够联想一下现实生活，就会发现，小说中所讲的那些故事往往是不现实的，它太虚幻。例如：

小说里面的主人公不用为工作和生活发愁，但在现实生活中，一个人如果不工作，很可能会饿死；

小说中女主角不管高矮胖瘦，贫穷还是富有，最后都嫁入有钱人家，觅得好归宿。而在现实生活中，有这种境遇的人少之又少，大多都是嫁给平凡人，过平凡的日子；

小说中男女主角不论经历过几次误会、冷战过多少次、狠话说过多少回、遇到多少意外事故和竞争对手，结局都是手牵手、心连心，公主和王子从此过着幸福快乐的日子，甜甜蜜蜜恩爱一辈子。但在现实生活中，这往往是不可能的，如果双方之间出现这么多的不和谐因素，是不会有完美结局的……

总而言之，小说就是小说，它完全被美化了，故事也是捏造出来的，里面所描绘的一切只能在故事里存在，是无法在现实生活中找到原型的。所以及早从言情小说中抽身，别让虚幻的故事左右了心灵，否则一旦深陷其中不能自拔，再回到现实中，必然会或多或少受到它的毒害。

◇ 帮助女孩戒除网瘾 ◇

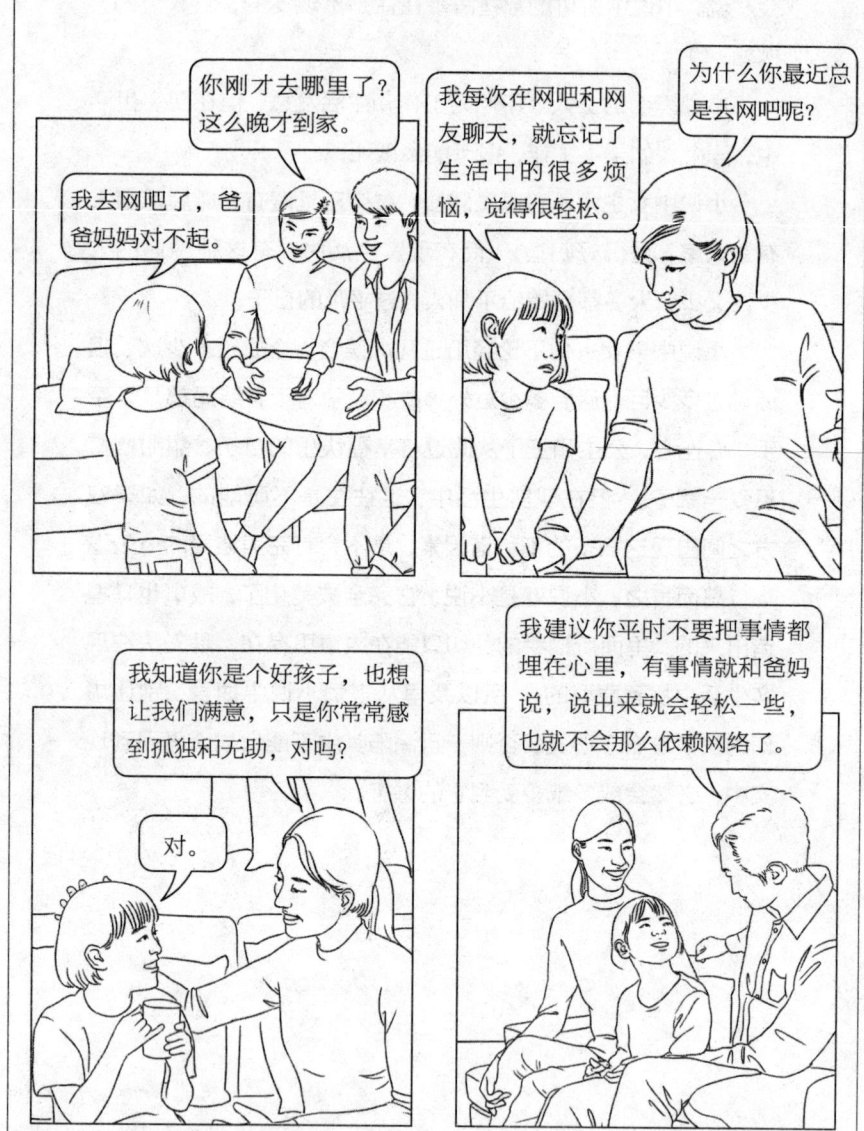

你刚才去哪里了？这么晚才到家。

我去网吧了，爸爸妈妈对不起。

我每次在网吧和网友聊天，就忘记了生活中的很多烦恼，觉得很轻松。

为什么你最近总是去网吧呢？

我知道你是个好孩子，也想让我们满意，只是你常常感到孤独和无助，对吗？

对。

我建议你平时不要把事情都埋在心里，有事情就和爸妈说，说出来就会轻松一些，也就不会那么依赖网络了。

　　家长要想帮助孩子戒除网瘾，可以帮助孩子找到其他有意义、让他们感兴趣的事物，从而把孩子的注意力从虚拟网络上转移。也要鼓励她们多和亲人朋友沟通，避免她们为逃避现实而染上网瘾。

高情商家教思维

1. 如果女儿已经有了网瘾,家长可以如何帮助孩子戒除?
   _____
   _____

2. 现在校园暴力日益猖獗,父母该如何保护女孩远离校园暴力?
   _____
   _____

3. 你认为具有哪些特质的朋友是女孩不值得交的朋友?
   _____
   _____

4. 关于异性交往,家长要告诉女孩哪些原则?
   _____
   _____

5. 如果女儿因为暗恋而不能在学习上集中精力,家长该如何进行引导?
   _____
   _____

6. 参考自己的爱情经历,你有哪些想要告诉女儿的?
   _____
   _____

7. 你认为本书最有启发意义的一个技巧是?
   _____
   _____